だし=うま味の事典

星名桂治
栗原堅三
二宮くみ子
［著］

東京堂出版

だし＝うま味の事典　［目次］

●執筆者（掲載順）

星名桂治

序章、第二章、第三章、第四章、第五章、第六章

栗原堅三

第一章

二宮くみ子

第七章

第二章 だしの素材［昆布 こんぶ］ 83

第三章

だしの素材［鰹節　かつおぶし］ 105

第四章

だしの素材［煮干し　にぼし］

序章　だしとうま味は和食文化

01 和食の基本はだしとうま味

二〇一三（平成二五）年一二月に「和食：日本人の伝統的な食文化」が、ユネスコ無形文化遺産に登録されました。このことにより、世界に日本の和食文化のすばらしさが認められて、おおいに注目されています。

和食の基本は、だしとうま味です。最近は、海外でも「ＵＭＡＭＩ」と表記されるようになった「うま味」は、もともと日本で発見されたものです。

いまや「うま味」は、甘味、酸味、塩味、苦味の四つの基本味に加え、第五の味覚として世界中で認められたのです。

北から南に伸びる日本列島には明確な四季があり、多様で豊かな自然があります。そこで生まれた食文化もまた、これらの自然に身近に寄り添うようにして、長い間に育まれてきました。海の幸は内陸へ、山の幸は沿岸へとそれぞれ運ばれて、豊富な自然の産物に恵まれた環境から、日本の食文化は歴史とともに築き上げられてきたのです。

古来から日本人は、生活の知恵によって、昆布やかつお節、干し椎茸などの乾物からだしを取り、おいしい食文化をつくりだしてきたのです。

こうして、海から里へと運ばれた乾物を利用したうま味は、和食の基本となったのです。

「だし」として使われる昆布やかつお節を使った食文化は、「煮物」「和え物」「焼き物」などの伝統食や郷土料理の要として、日本人の食文化の中に定着し、今日まで伝えられてきました。

戦後、日本人の食生活は欧米化し、肉類など高カロリーの食品が日常的に食されてきました。その結果、肥満や生活習慣病、あるいは高脂血症などの現代病が蔓延しました。

そこで栄養のバランスがよいと世界に認められた和食が見なおされて、野菜や魚介類を取り入れた食生活が行われるようになったのです。

02 だしの歴史

おいしい料理は、おいしいだしから作られます。

日本人は昔から、食材におこるいろいろな変化や保存方法を経験的に学んできました。すなわち、五感で感じ、口に入れて味わうことにより、さまざまな工夫をして、食生活の知恵を積み重ねてきたのです。

乾物も太陽の恵みを充分に活用しながら、今日に伝わった日本独特の食材です。

乾物は、古くから日本人の食文化に関わってきました。歴史の歩みとともに昆布やかつお節など、さまざまな乾物が神々に「神饌」として献上され、信仰や儀礼にも深く関わりました。

また、宮廷料理や四季の行事などに使われてきました。さらには中国との貿易などに見られる交易品として利用されてきました。

▼献上品として珍重されたかつおや昆布

日本におけるだしの食文化は、縄文時代までさかのぼるようですが、昆布やかつおなどが文献に記載されるのは『続日本紀』（七九七年）からです。ここには、昆布が朝廷に献上されたという記述があります。

その後、平安時代の中期に編集された最初の語彙分類辞典『和名類聚抄』（九三一〜九三八年）では、昆布は「ひろめ」として記載されています。昆布という呼び名になったのは平安末期以降と思われます。

この頃に、かつおの干したものをかつお節のように削って食べていたという記述があって、かつおも古くから日本人の貴重なタンパク源であったことがわかります。

かつおの保存方法としては、天日で干したり、燻蒸したりしていたようです。また、かつおは調味料として利用されていたようです。

煮干しの歴史はあまり古くはなく、明治時代の初期にかつお節などに代わる「だし」の食材として利用するようになったと言われています。

▼昆布は北前船によって運ばれた

昆布は、江戸時代には北海道の名産品として北前船で京都に運ばれていました。

また、昆布は「喜ぶ」に通じて縁起が良いとされ、正月の鏡餅や結婚の際の結納用の品などに使われてきました。また、真昆布は、蝦夷で採れたことを示す夷布《えびすめ》という名称で『延喜式』

（九二七年）に記載されています。

鎌倉時代には、主に北海道で採れる昆布は、開拓が進むにつれて生産地を広げていきました。その結果、江戸時代には生産量も増えて、日本海沿岸に昆布を運ぶルートが発達しました。これがいわゆる昆布ロードです。

その後、蝦夷最南端の松前港から越前の国、今の敦賀に至る北廻り航路が開かれ、そこから陸路で京の都へと運ばれました。

一七世紀には、下関から瀬戸内海に入って大坂まで運ぶ北前船による西廻り航路が開かれました。その結果、敦賀ではとろろ昆布が、大坂では塩昆布や昆布の加工品などが製造されました。

一八世紀には、大坂経由で琉球まで昆布ロードが開かれました。大坂では琉球産の黒砂糖と昆布が交換され、琉球では中国に昆布を輸出して薬品を輸入しました。

03　うま味は第五の味覚

味を構成する要素に、「甘味」「酸味」「塩味」「苦味」の四つの基本味があることは述べました。

しかし、今から一〇〇年ほど前の明治時代に、これら四つの味だけでは説明できないもう一つの味があることに気づいた学者がいました。その人は、東京帝國大学（現在の東京大学）教授の化学者・池田菊苗です。

池田は湯豆腐のだしに昆布が使われているのを見て、だれも気がつかなかった味に着目しました。

そして、昆布の成分について研究を重ねて、新しい味「うま味」成分の抽出に成功しました。その成分は、アミノ酸の一種であるグルタミン酸であることをつきとめたのです。

うま味は、料理をおいしくするための役割を果たす味であり、先の四つの味と並ぶ基本味の一つです。

料理のおいしさとうま味は混同されますが、うま味はあくまでも基本味の一つです。砂糖の甘味はスクロース、梅干しの酸味がクエン酸であるように、うま味はアミノ酸であるグルタミン酸やイノシン酸、グアニル酸という核酸によってもたらされます。

グルタミン酸は、昆布やチーズ、トマトなどの食品に多く含まれます。醤油や味噌などの発酵食品、母乳やヒトの体にも含まれています。

イノシン酸は肉や魚介類に含まれています。グアニル酸はキノコ類に多く含まれています。

食材全体の味を調和し、素材の持ち味を充分に引き出し、口に含むとまろやかな心地よさを残す「うま味」は、海外でも注目されるようになりました。

日本人が古来から「食の知恵」として用いてきた「だしの文化」は、国際的にも注目される味覚であったのです。

第一章　だしのうま味を科学する

01 うま味成分の発見

代表的なだしの素材は、昆布、かつお節、煮干し、干し椎茸です。昆布のうま味成分がグルタミン酸であることは、一九〇八（明治四一）年に池田菊苗が発見し、かつお節のうま味成分がイノシン酸であることは、一九一三（大正二）年に小玉新太郎が発見しました。干し椎茸のうま味成分であるグアニル酸がうま味をもつことは、一九五七（昭和三二）年、国中明が発見しました。国中はさらにうま味の相乗作用を発見しました。このように、うま味物質はいずれも日本人が発見しました。

▼池田菊苗

池田は、一八六四（元治元）年に京都に生まれました。この四年後には年号は明治になります。池田の父春苗は薩摩藩士で、明治以降も比較的裕福でした。ところが、西郷隆盛が失脚すると、春苗も官史の職を辞したため、池田家は貧乏になってしまいました。

一八七七（明治一〇）年に東京大学が創立しましたので、池田は東京に行くことを熱望しました。池田は一八歳の時、家人がお花見に出かけた留守の間に、布団を売って旅費を作り、上京してしまいました。池田は翌年大学予備門に入学し、ついで東京大学（後に東京帝国大学と改名される）理学部化学科に入学しました。大学では、指導教授であった桜井錠二に勧められて、物理化学の研究を始めました。

物理化学は、物理の考え方や手法を化学に採り入れてできた学問であり、化学を理論的かつ包括的に探究する学問です。

一八九九（明治三二）年、池田はドイツのライプチッヒ大学のオストワルド研究室に留学しました。オストワルドは物理化学の大家であり、池田が留学した後にノーベル化学賞を受賞しています。

池田は帰国後、東京帝国大学の物理化学の教授に昇進し、引き続き物理化学の研究を行っていました。

昆布を原料にした理由

一九〇七（明治四〇）年、池田は突如として昆布のうま味成分の研究を始めました。池田がうま味成分の研究を始めた理由の一つとして、実学に興味をもっていたことが挙げられます。それまでの池田は、物理化学という実用からは最も遠い分野の研究をしていましたが、「応用面で成果を挙げ、純正化学者が工業界からも無用の長物ではないことを示そう」と考えていました。そこで池田は、昆布のうま味成分の実体を明らかにして、実用化しようと考えたようです。

池田が昆布のうま味に興味をもったのは、京都に育ったことが一因でしょう。当時、東京では、だしを取るのにかつお節が主に使われていましたが、京都では昆布からだしを取るのが普通でした。池田は京都で育ったので、昆布に慣れ親しんでいたのです。

うま味成分の分離

昔から昆布はだしを取るために使われていました。昆布にはうま味成分が豊富に含まれていることを、人々は生活の知恵で知っていたのでしょう。

現代の分析結果では、昆布は例外的に大量のうま味成分を含んでいることが分かっています。今から考えると、池田はよくも昆布を実験材料に選んだものだと感心します。

池田は昆布のうま味成分を分離するために、乾燥した昆布を用いました。昆布には多量のタンパク質が含まれていますが、乾燥昆布中のタンパク質は変性しているので、水に溶け出しません。卵の白身は水に溶けますが、熱を加えて変性させると水に溶けなくなるのと同じ理屈です。乾燥昆布を水で抽出した液には、食塩とマニトール（糖の一種）が大量に含まれていますが、これらは結晶として沈殿するので容易に取り除くことができました。

後で分かることですが、うま味成分はグルタミン酸の塩です。グルタミン酸の構造は、図1に示してあります。図のように、グルタミン酸には二個のカルボキシル基（-COOH）が存在します。ここで重要なのは、右側のCOOH基ですので、これを強調するために、アンダーラインを引いた部分をRと書くことにします。つまりグルタミン酸をRCOOHと書くことにします。レモンのような酸っぱい果物は酸性ですので、レモンのなかではグルタミン酸は酸の形つまりRCOOHになっています。昆布を含む大部分の食物は中性です。中性の状態では、食物中の成分により中和されてグルタミン酸ナトリウム（$RCOO^-Na^+$）かグルタミン酸カリウム（$RCOO^-K^+$）の

酸性
グルタミン酸

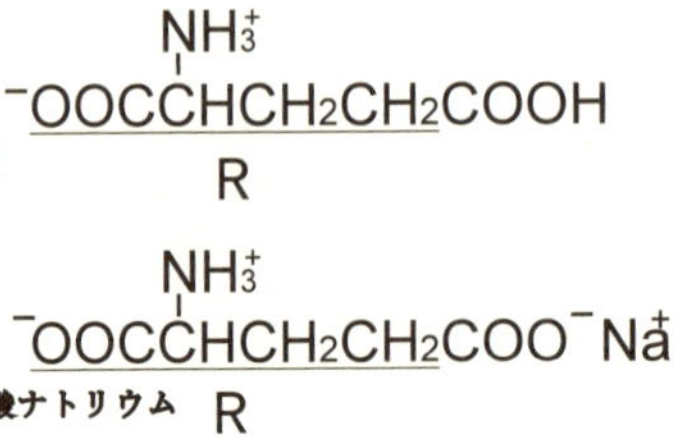

RCOOH

中性
グルタミン酸ナトリウム

$RCOO^{-}Na^{+}$

図1　グルタミン酸とグルタミン酸ナトリウムの構造

ような塩の形になっています。池田は、酸性にしてグルタミン酸（RCOOH）を結晶させました。ナトリウム塩もカリウム塩も、酸性ではグルタミン酸という単一の物質になりますので、結晶化させることができたのです。乾燥昆布一二キログラムから三〇グラムのグルタミン酸を得ました。

得られたグルタミン酸（RCOOH）を水に溶かして、水酸化ナトリウム（NaOH）で中和して$RCOO^{-}Na^{+}$（水に溶かすと、$RCOO^{-}$とNa^{+}に解離する）にすると、うま味を呈することが確認されました。水酸化カリウム（KOH）で中和すればカリウム塩となり、水酸化カルシウム（$Ca(OH)_2$）で中和すれば、カルシウム塩となります。いずれの塩もうま味を呈することは、グルタミン酸イオン（$RCOO^{-}$）がうま味をもっているからです。

グルタミン酸は、一八六六年にドイツの科学者であるリットハウゼンにより発見されています。小麦のタンパク質グルテンの加水分解物から発見されましたので、最初にGluという文字が付けられたのです。フィッシャーはグルタミン酸を舐めたことがありますが、まずくて酸っぱい味がすると述べています。グルタミン酸ではなく、グルタミン酸の塩、すなわちグルタミン酸イオンがうま味を呈することは、池田の大発見でした。

昆布のうま味成分がグルタミン酸の塩であることを突き止めたのは、実験を開始してから一年後の一九〇八（明治四一）年です。

うま味の提唱

右記の池田の研究成果は、一九〇九（明治四二）年の東京化学会誌に、「新調味料に就いて」という題で発表されています。ここで池田は、以下のような考察を行っています。味には四つの基本味（甘味、苦味、酸味、塩味）があります。この他に辛味と渋味がありますが、辛味や渋味は一種の痛覚です。このことは、今日でも正しい考察です。

池田は、この四基本味以外に、うま味という新しい味があることを提唱しました。昆布の味は、日本人にはなじみ深い味ですから、日本では素直に受け入れられましたが、後で述べるように、うま味が欧米で受け入れられたのは、実に一九九〇年代になってからです。

▼かつお節のうま味成分の発見

池田は、かつお節のうま味成分にも興味をもっていました。その頃、研究生であった小玉新太郎に、かつお節のうま味成分を分離するというテーマを与えました。一九一三（大正二）年、小玉はうま味成分はイノシン酸のヒスチジン塩であることを明らかにしました。

イノシン酸は、グルタミン酸のようなアミノ酸ではなく、核酸系の物質です（図2の左）。イ

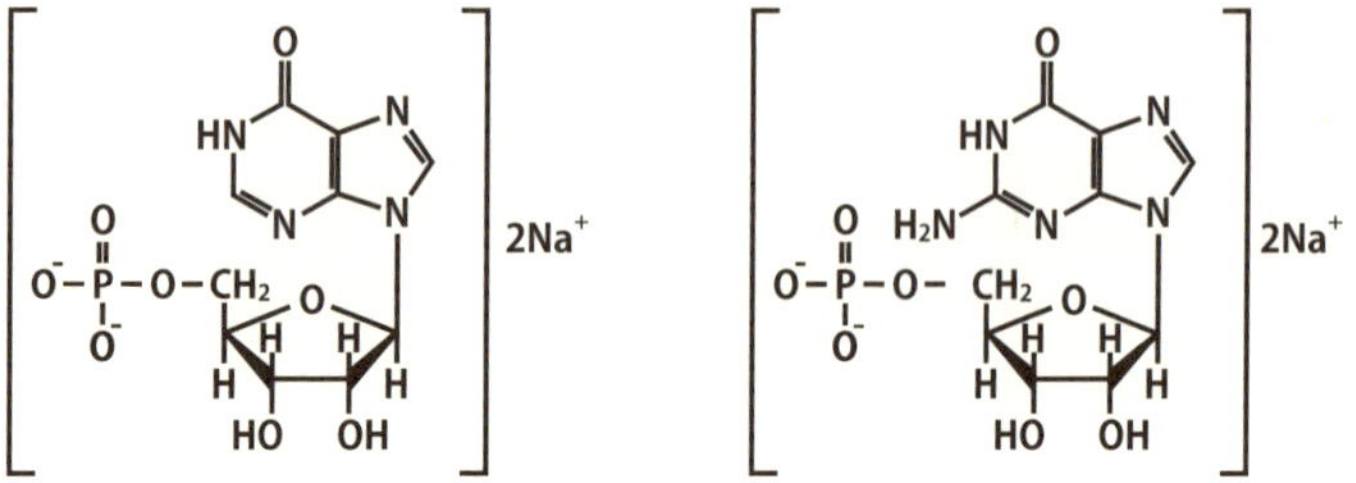

図２　イノシン酸ナトリウム（左）とグアニル酸ナトリウム（右）の構造

ノシン酸はリン酸基をもっている酸です。通常の食物は中性ですから、リン酸基はマイナスイオンとなり、プラスイオンと塩を作っています。かつお節の中には、ヒスチジン（アミノ酸の一種）が多く存在していますが、ヒスチジンは中性ではプラスの電荷をもっていますので、イノシン酸はヒスチジンと塩を作ったのです。

その後、国中明（後出）の実験で、イノシン酸のうま味にはヒスチジンは必要ではなく、たとえば、ナトリウム塩でもうま味を呈することが分かりました。グルタミン酸と同じように、イノシン酸イオンがうま味をもつのです。多くの食材と同様にかつお節は中性ですから、そこに含まれているイノシン酸は塩の形で存在します。

イノシン酸自体は、一八四七年にドイツの化学者リービッヒによって、牛肉の抽出液から発見されていました。ただし、イノシン酸の塩がうま味をもつことは見逃されていました。

国中明

国中明は、東京大学農学部の「酒博士」と異名をとる坂口謹一郎のお弟子さんです。坂口は、核酸の構成成分からうま味物質を探し出そうと考えていました。研究室に入ってきた国中に、坂口は核酸を微生物で分解して、分解物を片っぱしから舐めてみろ、というテーマを与えました。

国中はこのテーマと格闘すること二年半、核酸の分解物を舐めても舐めても味のあるものが見つからないまま、銚子のヤマサ醤油の研究所に移りました。銚子でも引き続き核酸分解の研究を続けました。銚子ではかつおが容易に手に入るので、かつおを購入して、イノシン酸をバリウム塩の結晶として取り出しました。結晶を口に含むと、気品のあるうま味が口一杯に広がりました。イノシン酸のうま味にはヒスチジンは必要ではなく、イノシン酸の塩（たとえばイノシン酸ナトリウム）がうま味をもつことを明らかにしました。

椎茸のうま味成分

こうした研究の中で、一九五七（昭和三二）年に国中はグアニル酸塩がうま味をもつことを見つけました。グアニル酸はイノシン酸と同じく核酸系の物質です（図2の右）。後に中島宣郎は、椎茸のうま味成分はグアニル酸塩であることを明らかにしました。

また、国中はアオカビの酵素を使うことによって、リボ核酸（酵母が原料）を分解して、イノシン酸やグアニル酸を工業的に作ることに成功しました。この二つとグルタミン酸を混合した複合うま味調味料が誕生したのは一九六一（昭和三六）年であり、小玉がかつお節のうま味成分を発見してから、実に四八年後です。

相乗作用の発見

二〇〇八（平成二〇）年、池田菊苗がうま味物質を発見してから百年になるのを記念して、東大の安田講堂で、うま味発見百周年記念シンポジウムが開かれました。国中もその時のシンポジストの一人でした。その時に話された内容の一部を以下に紹介します。

国中はイノシン酸のバリウム塩を舐めた時に、口一杯に広がるうま味を味わいました。イノシン酸とグルタミン酸のうま味を比較するために、イノシン酸を舐めた後、口もすすがずにグルタミン酸を口にしたところ、強烈なうま味が口の中で爆発しました。やはりイノシン酸はグルタミン酸にはかなわなかったと意気消沈しつつ、未練がましくも再度イノシン酸を口にしました。ところが、今度は初めとは比べものにならないほど、濃厚な味わいがグググッと押し寄せてきました。口もすすがずに性急に舐め比べたのが怪我の功名です、と国中は述べています。すなわち、口をすすがなかったために、舌の上にグルタミン酸が残っていました。その状態でイノシン酸を舐めたので、グルタミン酸とイノシン酸が混ざって、強いうま味が発現したのです。このような相乗作用は、グルタミン酸とグアニル酸の間でも見られます。

うま味の相乗作用に関する定量的な実験は、国中によって行われていますが、ここでは山口静子が行った結果を紹介します。図3の横軸の左端はグルタミン酸単独、右端はイノシン酸単独です。右に行くにしたがってイノシン酸の割合が増えています。グルタミン酸にイノシン酸を加えていくと、飛躍的にうま味が増強することが分かります。複合うま味調味料は、こうし

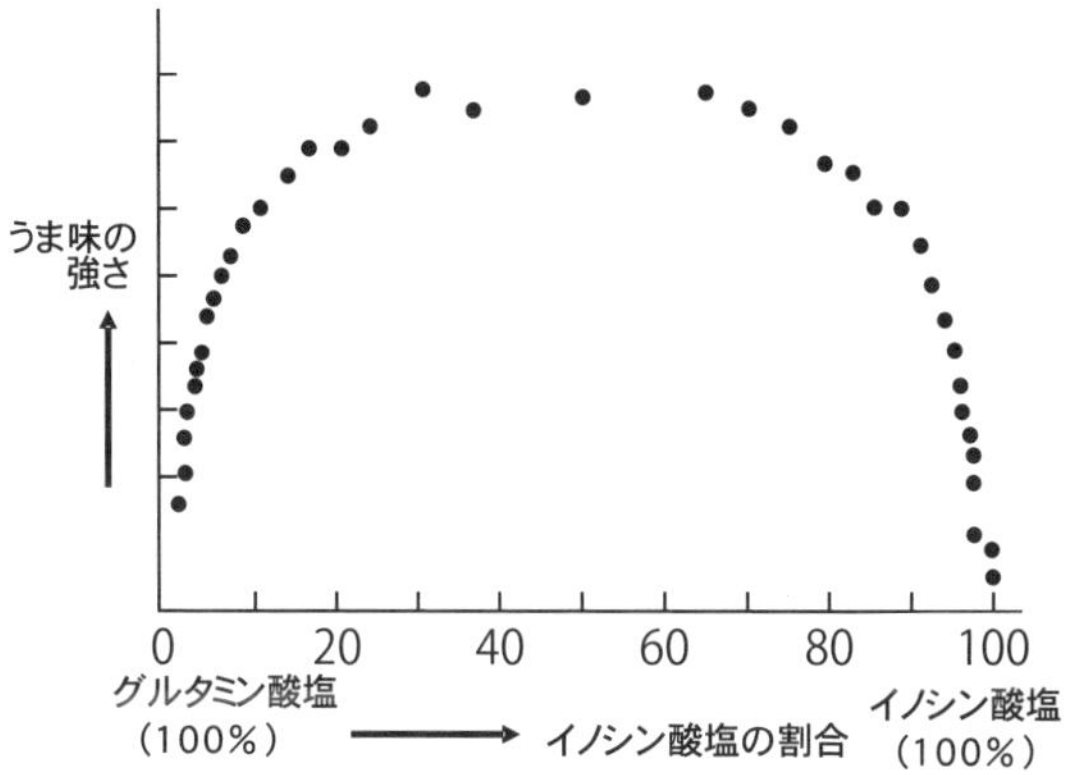

図３　グルタミン酸塩とイノシン酸塩との相乗作用（山口、1967）

たうま味の相乗作用を利用したものです。

池田も小玉も、うま味の相乗作用に気がつきませんでした。国中がいわば偶然発見したのです。この相乗作用の発見は、うま味の研究の歴史の中で画期的なものです。なにしろ相乗作用の強さは圧倒的だからです。

多くの食物の中には、グルタミン酸やイノシン酸が含まれていますので、食物中でうま味の相乗作用が自然に働いています。そのうえ後に述べるように、料理をする時にうま味の相乗作用が働くような食材の組み合わせが、経験的に使われています。

02 うま味成分の豊富な食材とだし・調味料

うま味物質は多くの食材に含まれている

グルタミン酸、イノシン酸、グアニル酸などのうま味物質が発見されて以来、各種の食材中のうま味物質含量が分析されてきました（表1）。グルタミン酸は、植物性食材と動物性食材にまんべんなく含まれています。昆布、お茶、海苔をはじめ、トマト、ジャガイモ、ハクサイのような野菜、魚や海産物にも多く含まれています。

二番目のうま味物質であるイノシン酸は、植物性の食材には含まれていません。もっぱら、魚や肉など動物性食材に含まれています。一方、グアニル酸は椎茸のような茸類のみに含まれています。このようにグアニル酸は限られた食材にしか含まれていませんが、グルタミン酸やイノシン酸は多くの食材に普遍的に含まれています。食材には、水分を含んだものや乾燥しているものがありますが、表1の含量は、食材を乾燥することなく、そのままの形の含量を示しています。水分を含んでいる食材は、乾燥重量当たりではもっと大きな値になります。

昔から日本人に好まれてきた食材には、昆布、お茶、海苔、かつお節、煮干し、茸などがありますが、いずれもうま味物質を豊富に含んでいます。日本人は、根っからうま味が好きな国民です。

表１　各種食材中のうま味含量（mg /g）

グルタミン酸				イノシン酸		グアニル酸	
植物性		動物性		動物性		茸類	
昆布	2240	チーズ	1200	煮干し	863	干し椎茸	157
一番茶	668	イワシ	280	鰹節	687	マツタケ	65
アサクサノリ	640	スルメイカ	146	シラスボシ	439	生椎茸	30
トマト	260	ホタテガイ	140	かつお	285	エノキダケ	22
ジャガイモ	102	バフンウニ	103	アジ	265		
ハクサイ	100	豚肉	122				
		牛肉	107				

相乗作用を利用しただしと料理

日本をはじめ外国の人々は、相乗作用は知らなくても、料理をする時に経験的に相乗作用を利用してきました。たとえば、日本ではだしを取る時、グルタミン酸を含んでいる昆布とイノシン酸を含んでいるかつお節または煮干しを合わせて使用します。

湯豆腐では、昆布を敷いた上に豆腐を入れ、かつお節の入っている醤油につけて食べます。欧米では、トマト、タマネギ、ニンジン（いずれもグルタミン酸を含む）などと肉（イノシン酸を含む）を煮込んだ料理を作ります。中国では、長ネギやショウガなどと肉を合わせた料理を作ります。このように世界各国で、相乗作用は経験的に長い間利用されてきたのです。

日本食のだしの基本は、昆布だしとこれにかつお節を加えた一番だしです。以下は、昆布だしのアミノ酸組成を分析するために作成しただしの取り方です。まず昆布を水に馴染ませ、六〇度のお湯に一時間浸した後、昆布

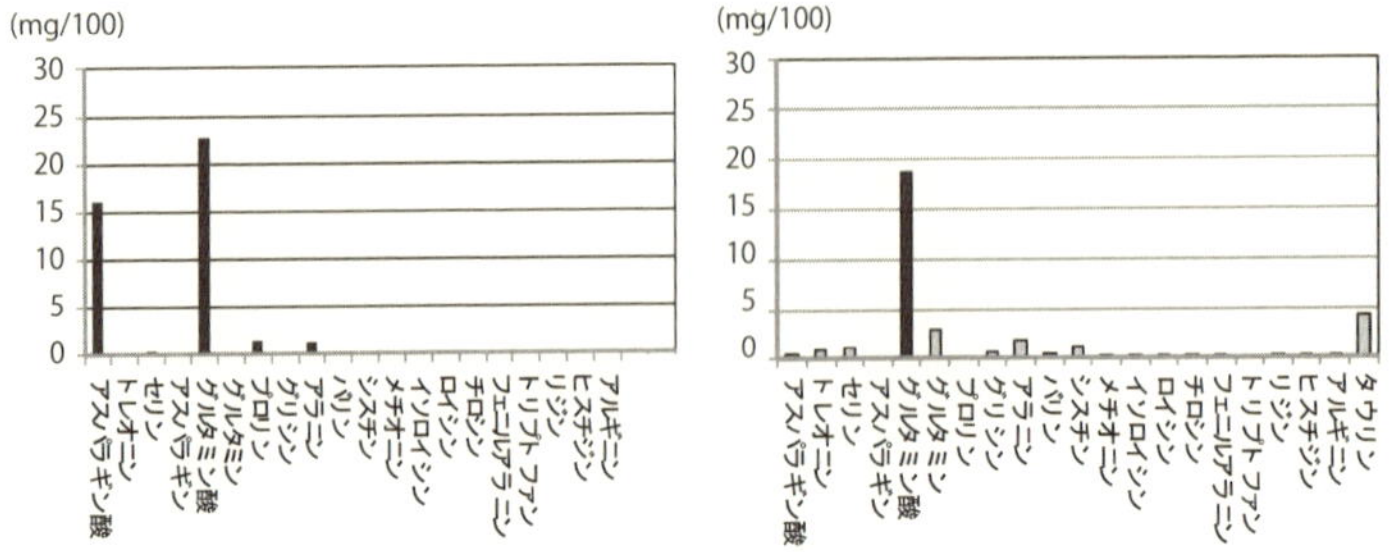

図4　昆布だし（左）と母乳（右）のアミノ酸組成

を引き上げるという方法です。図4の左に、こうして作成しただしのアミノ酸組成を示しています。驚くべきことに、うま味物質であるグルタミン酸とアスパラギン酸（グルタミン酸よりはるかに弱いがうま味をもつ）以外のアミノ酸は、ほとんど含まれていません。昆布だしは、ほとんど純粋なうま味溶液です。

一番だしは、昆布を引き上げたお湯にかつお節を一気に入れ、再度火をかけます。かつお節が浮き上がってきたら、すぐ火を消し、かつお節を取り出して布で濾します。かつお節を煮込んでしまうと、エグ味が出てまずくなります。こうして作成した一番だしの組成には、昆布だしのそれにヒスチジンとイノシン酸が加わっています。かつお節にはヒスチジンとイノシン酸が多く含まれているからです。

▼うま味の豊富な食品と料理

発酵食品

大豆や麦などを発酵させると、細菌やカビなどの微生物中の酵素の作用により、食材中のタンパク質や炭水化物が分解されます。タンパク質が分解されると、アミノ酸やペプチド（アミノ酸が複数個つながったもの）が生じます。

タンパク質は、二〇種類のアミノ酸から構成されていますが、各アミノ酸が均一に含まれているわけではありません。発酵の原料として使われる大豆、小麦、牛乳、肉などのタンパク質中には、グルタミン酸がとくに多く含まれています。

大豆は多量のタンパク質（全体の三五パーセントがタンパク質）を含んでいますが、主要なタンパク質であるグリシニンには、二六パーセントのグルタミン酸が含まれています。小麦の中の主要タンパク質であるグルテンには三五パーセント、牛乳中のタンパク質であるカゼインには二三パーセント、肉の中の主要タンパク質であるミオシンには二一パーセントものグルタミン酸が含まれています。発酵食品は、これらのタンパク質が分解されたグルタミン酸を多く含んでいるので、強いうま味をもっています。

魚醤、穀醤

アジア各地では、塩辛をよく作ります。魚やエビなどに食塩を加えて作った塩辛は、長い間置いておくと発酵が進み、どろどろの半液体状になります。これを濾して液体部分を集めたのが魚醤です。

秋田のしょっつる（醢汁）も、はたはた（鱩）をはじめいろいろな魚を発酵させた魚醤であり、能登半島にはいわしやいかの内臓を塩漬けして発酵させたイルシと呼ばれる魚醤があります。

穀物を発酵させて作ったのが穀醤です。日本の代表的な穀醤は、醤油です。大豆と麦を蒸したものに麹を加えて培養を行い、醤油麹を作ります。醤油麹に塩水を加えて醸造タンクに入れます。この過程で、タンパク質はアミノ酸やペプチドに分解されます。乳酸菌の働きにより乳酸が作られ、酵母の働きでアルコールも作られます。これらの成分により、醤油の味と香りが形成されます。醤油には、濃口醤油と薄口醤油がありますが、これは色が濃いか薄いかを示しているのであり、塩分濃度は薄口醤油の方がむしろ高いのです。

醤油の原料は大豆と麦ですが、これらの原料の中のタンパク質は多量のグルタミン酸を含んでいますので、醤油のグルタミン酸含量は非常に高く、一〇〇グラム中に八〇〇ミリグラムも含まれています。

固形調味料

中国の醤（ヒシオ）は、日本の醤油と味噌のルーツです。現在使われている代表的な中国の醤は、黄豆（大豆）を発酵させて作る味噌の一種である黄醤（ホウジャン）です。豆板醤（トウバンジャン）は、そら豆の胚乳に大豆、米、トウガラシなどを入れて発酵させた味噌であり、四川料理でよく使われます。

甜麺醤（テンメンジャン）は、小麦粉を原料にした甘味のある味噌であり、北京ダックなどに使います。これらの醤は、日本流に言えば味噌であり、醤の上澄みの液体が醤油です。

日本を代表する発酵調味料の一つは、味噌です。多くの味噌は米の発酵により作られますが、大豆や麦から作られる味噌もあります。味噌を大別すると、赤味噌と白味噌に分けられます。

　赤味噌は、一年以上熟成させたものであり、濃い塩分が含まれています。熟成期間が長いので、メイラード反応（糖とアミノ酸やタンパク質が反応して褐色物質を生成する反応）により、褐色の色が付きます。八丁味噌は赤味噌の一種です。白味噌は熟成期間が数か月であり、塩分濃度は低いのです。味噌には、原料の中のタンパク質が分解したグルタミン酸をはじめ、各種のアミノ酸が豊富に含まれています。

　ヨーロッパの代表的な発酵食品は、チーズです。チーズは牛乳を発酵させて作りますが、グルタミン酸が一〇〇グラム中に一六〇〇ミリグラムも含まれています。チーズは、グルタミン酸を最も多く含む食品です。詳細は第七章をご参照下さい。

その他の発酵食品

　納豆は、蒸した大豆に納豆菌を加えて発酵させて作ります。発酵により、タンパク質はアミノ酸にまで分解されるので、納豆にはグルタミン酸をはじめアミノ酸が豊富に含まれています。

　韓国では、魚介類に塩を入れて発酵させた塩辛（ジョッカル）をよく食べます。キムチは韓国を代表する発酵食品で、グルタミン酸を豊富に含んでいます。

　魚を塩と米飯で発酵させたものは各地にあります。琵琶湖付近の「鮒ずし」、北海道の「飯《い》ずし」、伊豆諸島の「くさや」などは代表的なものです。アンチョビまたはアンチョビペーストは、欧米ではよく食べられる発酵食品です。かたくちいわしを塩に漬け、一か月ぐらい冷所で発酵させます。浮いてきた液（魚醤）を濾すとアンチョビができます。これをペースト状にしたものがアンチョビペーストです。発酵の過程で魚のタンパク質が分解されるので、グルタミン酸をはじめ、アミノ酸を豊富に含んでいます。

03 うま味成分の生成と分解

▼グルタミン酸の安定性

グルタミン酸、イノシン酸、グアニル酸は、いずれも熱には安定です。料理の時に加熱しても、分解することはありません。

グルタミン酸は、タンパク質の構成要素ですから、タンパク質が分解すれば生成します。ただし、タンパク質は熱には安定ですので、料理の時に加熱しても分解しません。タンパク質に強い酸を加え長時間加熱して、初めて分解されてグルタミン酸が生成します。

タンパク質は、酵素の作用により容易に分解されます。前に述べたように、食材を発酵させると、微生物中の酵素が働き、タンパク質は分解されてグルタミン酸が生じます。

▼かつお節のうま味

かつお節は、イノシン酸を多量に含んでいます。もともとイノシン酸は、細胞内に存在するＡＴＰの分解により生成されます。ＡＴＰはエネルギー物質と呼ばれていますが、ＡＴＰが分解される時にエネルギーが出ます。たとえば、筋肉はＡＴＰのエネルギーを使って動きます。かつおが死んでも直後には細胞は死んでいないので、代謝が行われています。代謝のためにＡＴＰが使われますが、この時イノシン酸が生成されます。ＡＴＰの分解は、瞬時に起こるのではなく、数時間をかけて起こります。かつお節を作るための工程の中で、ＡＴＰは完全に分解されてイノシン酸が増えていきます。したがって、かつお節のイノシン酸含量が多いのです。

ＡＴＰ ―（分解酵素）→ イノシン酸

▼干し椎茸のうま味

干し椎茸には、多量のグアニル酸が含まれています。グアニル酸は、細胞内に存在するリボ核酸（ＲＮＡ）の分解により生成されます。細胞が生きている時は、リボ核酸が分解酵素と接触しないようになっていますが、細胞は死ぬと破壊されるので、リボ核酸が分解酵素と接触するようになります。リボ核酸の分解酵素は、グアニル酸を合成するので、合成酵素でもあります。椎茸が干されると、細胞が破壊されるので、リボ核酸が分解されてグアニル酸が増えます。生の椎茸のグアニル酸含量には、いろいろなデータがあります。なかには、生の椎茸には、グアニル酸がほとんど含まれていないというデータもあります。いずれにしても、干さないと椎茸のうま味は出ないのです。

リボ核酸 ―(合成酵素)→ グアニル酸 ―(分解酵素)→ グアニン

普通、酵素は室温に放置すると活性がなくなってしまいますが、水分がない場合には室温でも活性を保持している場合があります。ただし、水分がないと酵素は働きません。干し椎茸には、合成酵素（リボ核酸分解酵素）とグアニル酸分解酵素が活性を保持したままの状態で存在しますし、リボ核酸も残っています。

干し椎茸を水に戻すときには、グアニル酸が分解されないように気を付けなければなりません。グアニル酸分解酵素の活性は、四五～五〇度で最大になります。干し椎茸はなかなか水を吸収しないので、水に戻す時は長時間水に浸しておかなければなりませんが、少し温かい水（四五～五〇度）で戻せば、分解酵素の働きでグアニル酸は壊れてしまうので、低い温度の水に浸すことが必要です。リボ核酸からグアニル酸を生成させる合成酵素の活性は、六〇～七〇度で最大になります。干し椎茸を低温の水で戻してから、調理する時は一気に六〇～七〇度くらいに温度を上げます。この温度ではグアニル酸分解酵素は働くことなく、合成酵素だけが働き、干し椎茸にもともと含まれていたよりさらにグアニル酸が増えます。

04 食べ物の味を決める成分

▼味の決め手はアミノ酸

どんな成分が、食べ物の味を決めているのでしょうか。甘い果物には糖が含まれているし、酸っぱい果物にはクエン酸が含まれています。ただし、果物やある種の野菜以外には、糖やクエン酸を含んでいるものはほとんどありません。

果物や野菜以外にも甘い味がするものがありますが、糖があるからではありません。たとえば、ホタテは甘い味がしますが、甘いアミノ酸が多量に含まれているからです。ホタテ、カニ、ウニなどの海産物、魚や肉などの味の主役は、アミノ酸です。

タンパク質は、アミノ酸が長くつながった構造をもっています。タンパク質を構成しているアミノ酸は二〇種類です。タンパク質を分解すると、構成するアミノ酸の混合物が得られます。ばらばらになったアミノ酸を遊離アミノ酸と呼びますが、アミノ酸と言えば普通、遊離アミノ酸を指します。

特殊なタンパク質を除いて、タンパク質自体には味はありませんが、アミノ酸はいろいろな味をもっています。甘味をもつもの（グリシン、アラニンなど）、苦味をもつもの（ロイシン、イソロイシン、リジン、バリン、トリプトファンなど）、うま味をもつもの（グルタミン酸とアスパラギン酸）など、アミノ酸の味は多様です。

▼海産物の味を決めている成分

東京大学の鴻巣章二らは、オミッションテスト法で、カニ味の必須成分を決定しました。まずズワイガニ（越前ガニや松葉ガニもズワイガニです）に含まれる成分を分析しました。含まれている成分はいずれも市販されているので、これを成分表に従って混合するとカニ味が再現されました。ただし、すべての成分を混合しなくてもカニ味は再現できます。どうしても、この成分を抜いてしまうとカニ味が再現できないものを必須成分と呼びます。

表2は、このようにして決定されたカニ味の必須成分を示しています。必須成分を表に示した割合で混合すると、カニ味が再現できます。この中からうま味物質を除くと、カニ味とはほど遠い味になってしまいます。

カニ味には、塩（食塩と第二リン酸カリウム）も必須です。これらの塩の役割については、後に述べます。

食べ物の味が、アミノ酸、うま味物質、塩の三者で決められているのは、カニだけではなく、他の海産物でも同じです。ホタテはかなり甘い貝ですが、カニの三倍ぐらいのグリシン（甘いアミノ酸）が含まれているからです。ウニは独特の味がしますが、メチオニンというアミノ酸が多く含まれているからです。ホタテ味もウニ味も、うま味物質を除くと再現でき

表2　カニ味の必須成分

グリシン	600 mg/100ml
アラニン	200
アルギニン	600
グルタミン酸	30
イノシン酸	20
食塩	500
第二リン酸カリウム	400

（鴻巣ら、1987）

ません。海産物だけではなく、肉や魚の味もアミノ酸、うま味物質、塩の三者で決まっています。

どういうアミノ酸が含まれているかで、その食材の味の特性が決まります。うま味物質は、その食材にうま味を添加する役割を果しています。

ある時、北海道在住の作家が、味覚の話を聞きたいと、インタビューにこられました。私が用意していたカニ味の溶液をちょっと舐めてみて下さいと言ったところ、この作家はコップ一杯のカニ味溶液をみんな飲んでしまいました。おいしかったですと、心から感激した様子でした。事実、このカニ味溶液はすごくおいしいのです。

ところで、アサリやシジミのような貝は、他の海産物とは違う独特の味をもっています。これはコハク酸（正確にはコハク酸の塩）が含まれているからです。コハク酸の味は独特のおいしい味ですが、うま味とはまったく別物です。

うま味は、グルタミン酸、イノシン酸、グアニル酸の味と定義されていますので、コハク酸がおいしい味をもっているからといって、うま味物質には入れません。

▼アミノ酸の味やうま味を引き出すには食塩が必要

表2には、カニ味には食塩と第二リン酸カリウムが必要であることが示してあります。私の経験では、第二リン酸カリウムがなくても食塩さえあれば、ほぼカニ味は再現できます。表に示した組成から食塩を除くと、弱い味しか感じられません。

ある学会で鴻巣にお会いした時、なぜ食塩がないとカニ味にならないのでしょうか、という質問を受けました。そこで、これを機会に鴻巣と共同研究を始めることになりました。まず、ヒトを対象に味覚テストを行いました。たとえば、グリシンは甘い味がしますが、食塩を添加すると甘味が強くなりました。

さらに定量的な実験を行うために、動物実験を行いました。イヌの味覚はヒトのそれによく似ていますので、麻酔したイヌの舌に味溶液を与え、味神経の電気信号を測定しました。図5の左は、グリシンに食塩を添加した時の電気信号の大きさ（味の強さ）を示しています。食塩の濃度を増やすと、グリシンの味が強くなります。食塩が最大の増強作用を示すのは、一〇〇ミリモル（〇・六パーセント）付近です。それ以上濃度を増すと、増強作用は減少します。〇・六パーセントの食塩それ自体は、わずかに塩味を呈するだけで塩辛くはありません。京風の上品な「おすまし」には、〇・八〜〇・九パーセント程度の食塩が入っているので、〇・六パーセントはそれより低い濃度です。

図5の左ではアミノ酸としてグリシンを用いましたが、他のアミノ酸の味も同じように食塩により増強されます。うま味も食塩により増強されます。図5の右には、グルタミン酸ナトリウムに対する食塩の効果を示しています。グリシンの場合と同じく、食塩濃度が一〇〇ミリモル（約〇・六パーセント）付近で最大の増強効果が見られます。昆布やかつお節のだしを使って料理する時、普通醤油を入れます。醤油の中には食塩も入っていますので、だしの味を強めてい

るのです。

実は、食塩はアミノ酸の味だけではなく、糖の甘味に対しても増強作用があります。お汁粉に食塩を入れると甘くなることはよく知られています。

▼食塩摂取と高血圧

日本人の一日当たりの食塩摂取量は、平均一一〜一二グラムです。二〇〇五（平成一七）年に厚生労働省は、男性は一〇グラム以下、女性は八グラム以下を食塩摂取の目標値と決めています。世界保健機関（ＷＨＯ）では、一日当たり六グラム以下を推奨しています。

食べ物の味にはある程度の食塩が必要だと言うと、血圧を心配する人がいるかも知れません。食塩と血圧の関係を最初に取り上げたのは、アメリカのダールです。当時、日本の東北地方の一日の食塩摂取量は三〇グラムでしたが、この地方には高血圧患者が多くいました。一方、食塩を摂取しない習慣があるアマゾン川上流に住むヤノマモ・インディアンやアラスカのイヌイットには、高血圧患者がいないという事実も

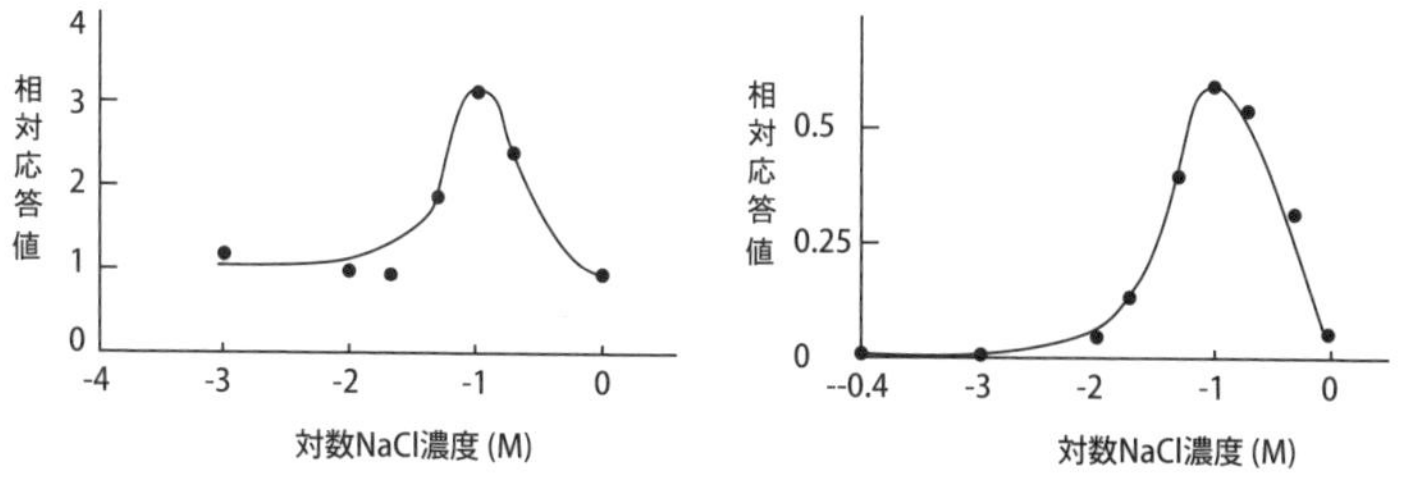

図５　グリシン（左）とグルタミン酸塩（右）の味に対する食塩の増強効果
（Ugawa and Kurihara, 1993, 1994）

知られていました。これらの事実をもとに、過剰な食塩を摂取すると高血圧になるという仮説が提唱されました。この仮説により、食塩を摂りすぎると血圧が高くなるという考えが世界中に浸透しました。

前に述べたように、世界保健機関（WHO）は、食塩摂取量を一日六グラム以下にすることを推奨しています。一九九八年、世界で最も権威のある学術誌の一つであるサイエンス誌に、“The (Political) Science of Salt”という題のレビューが掲載されました。WHOの推奨値は多分に政治的なものと皮肉っているレビューです。ここには、血圧に対する減塩効果に関する数多くのデータが紹介されています。その中の一つに、五六人の被験者に長期間極端な減塩をさせて、血圧の変動を測定した結果が報告されています。減塩を始める前後で、統計的に有意な差はないというのが結論です。このレビューには、世界各国の研究者からレターという形で意見が寄せられています。極端な減塩に対しては、否定的な意見が多く寄せられています。

食塩と血圧に関しては、動物実験も行われています。ラットのなかには、食塩を与えても血圧が上がらない系統（食塩抵抗性ラット）と食塩を与えると血圧が上がる系統（食塩感受性ラット）があります。このことは、食塩により血圧が上がるかどうかには、遺伝的要因が関与していることを示唆しています。

東京大学の藤田敏郎は、食塩感受性の遺伝子をもつ人は二〇パーセント、食塩制限のいらない人は五〇パーセント、残る三〇パーセントの人は、食塩と他の要因が結びついて血圧が上がる可能性のある人であると述べています。

かつて東北地方では一日三〇グラムもの食塩を摂取していましたが、現在は大幅に減少しています。しかしながら、東北地方の食塩摂取量は、厚生労働省が推奨する値（一日一〇グラム）より依然として高いので、当然のことながら食塩摂取量は、まだまだ下げる必要があります。ただ皮肉なことですが、平均寿命が全国最下位の青森県男子の食塩摂取量は一日一三グラムですが、一位の長野県のそれは一日一二・五グラムで、両県とも食塩の摂取量は全国のトップクラスです。

減塩すると言っても、WHOの推奨値まで下げるには問題が多すぎます。食塩と血圧の関係を論じる時、料理をおいしく食べるには一定量の食塩が不可欠であるという観点が欠落しています。極端に減塩すると、料理はまったくおいしくありません。上品な味付けの「おすまし」がおいしいのは、〇・八～〇・九パーセント程度の食塩が入っているからであり、これ以下に食塩を減らした「おすまし」はおいしくありません。おいしいものを食べることは、人間が豊かな生活を送るために、きわめて重要です。少なくとも私は、おいしさを犠牲にしてまでも極端に減塩することはしないつもりです。

05 味は栄養物と有害物質を見分けるシグナル

▼母乳中のグルタミン酸

図4（前掲）の右の図は、母乳のアミノ酸組成を示しています。グルタミン酸含量が圧倒的に多いのが目立ちます。図の左は、先に説明した昆布だしのアミノ酸組成を示しますが、母乳のグルタミン酸含量は昆布だしのそれに匹敵します。

図には示していませんが、母乳にはイノシン酸も含まれているので、母乳でもうま味の相乗作用が働いているはずです。これらのことは、赤ちゃんは生まれながら、うま味に親しんでいることを意味しています。なぜ、母乳にグルタミン酸が多いのでしょうか。一つの理由は、母乳の味付けのためと思われます。

イスラエルのシュタイナーは、乳児にいろいろな味物質の溶液を与え、表情を観察しました。甘味のある溶液を与えると、いかにもおいしそうな表情をします。ところが、酸味や苦味のするものには、顔をしかめて嫌がります。味付けしていない野菜スープにはあまりいい顔をしませんが、グルタミン酸を加えると、甘味と同様に好ましい表情をします。赤ちゃんは明らかにうま味がわかるのです。

▼栄養物と有害物質の見分け

動物は、いろいろな味に対して赤ちゃんと同じ挙動をします。ほとんどの動物は、甘味やうま味が好きです。塩味もあまり濃くない限り好きです。特に草食動物は、食塩が不足するので食塩を好みます。これに対して、苦味や酸味は嫌います。

甘味をもっている代表的なものは糖です。糖は体にとってエネルギーのもとになる重要な栄養素ですから、甘味はエネルギーのシグナルといえます（表3）。食塩をはじめミネラルは体にとっては不可欠の栄養素です。塩味はミネラルのシグナルと言えます。多くの毒物は苦味をもっているので、苦味は動物にとっては毒のシグナルです。腐ったものは一般に酸っぱいので、酸味は腐ったもののシグナルです。果物は未熟の時は酸っぱいのですが、これはまだ未熟だから食べないで下さいというサインです。熟してから鳥に食べてもらうと、糞とともに種が撒き散らされて、子孫を残すことができるのです。

表3 味の生物学的意義

味の種類	シグナル
甘味	エネルギーのシグナル
うま味	タンパク質のシグナル
塩味	ミネラルのシグナル
酸味	腐敗物のシグナル
苦味	毒物のシグナル

それではうま味は、何のシグナルでしょうか。おそらく、うま味はタンパク質のシグナルでしょう。タンパク質は、アミノ酸が長くつながった構造をもっています。タンパク質それ自体には味はありませんが、その構成成分であるアミノ酸には味があります。グルタミン酸は、タンパク質の中に最も多く含まれているアミノ酸です。タンパク質のあるところ、その分解物あるいは原料であるグルタミン酸が存在するので、グルタミン酸がタンパク質のシグナルと考えられます。

赤ちゃんと動物は、味に対して似たような挙動をしますが、大人は少し違った挙動をします。大人は苦いものがすべて毒ではないこと、酸っぱいものがすべて腐敗物ではないことを知っています。大人はコーヒーやビールのような苦いものを好みますし、酢の物のように酸っぱいものも好みます。

06 食べ物のおいしさを決める要素

▼味の役割

食べ物のおいしさを決めている最大の要素は、味であることは言うまでもありません。基本味のうち、甘味、うま味、適度の塩味はおいしさに貢献しています。その他の味のなかにも、単独では嫌な味でも、食べ物のおいしさに貢献しているものもあります。

前に述べたように、カニ味を決めている必須成分の一つは、アルギニンというアミノ酸です。アルギニンは苦い・渋い味をもつアミノ酸です。単独で舐めると嫌な味がしますが、アルギニンがないとカニの味が再現できません。

うま味物質は、おいしさに大きく貢献しています。ただし、うま味物質そのものを舐めても、それほどおいしい味はしません。ところが、カニでもホタテでも、うま味物質がないと本来のおいしさはでません。うま味物質は、いろいろな他の味と共存することによって、絶妙な味を作り出す役割を果たしています。

酸味や苦味は赤ちゃんには嫌われますが、大人は学習効果によって、こうした味のあるものを好むようになります。辛味や渋味は、味ではなく一種の痛覚ですが、料理を語る時には辛味も渋味も味として取り扱うので、広義の味覚では味に入ります。

日本人はうま味を好み、韓国人やインド人は辛い味を好みます。同じ日本人でも、塩辛い味が好きな人もいれば、薄味を好む人もいます。こうした嗜好の違いは、人によって味覚の遺伝子が違うためではありません。子どもの頃から食べつけているから、好きになるのです。辛い味が好きな人も、塩辛い味が好きな人も、味覚がこれらの味に敏感になっているのでも、鈍感になっているのでもありません。味覚の信号は脳に伝達されますが、辛いものや塩辛いものを食べつけていると、脳が慣れてしまうのです。

▼香りの役割

風邪をひいた時に料理を食べると、おいしく感じません。これは、風邪のために味覚の機能が鈍感になったためではなく、風邪のために嗅覚の機能が低下して料理の香りを感じなくなるからです。

グルタミン酸やイノシン酸やグアニル酸には香りはありませんが、昆布やかつお節や干し椎茸から取っただしは独特の香りがあります。天然の食材から取っただしはそれだけおいしさを深めています。

強いにおいのする料理は、人により好き嫌いが大きく分かれます。ニンニク、生チーズ、ニラ、コリアンダー、クサヤ、納豆などは強烈なにおいがしますが、こうしたにおいがたまらなく好きな人もいれば、嫌いな人もいます。

▼舌触りと温度の役割

そばやうどんのおいしさの基本は、舌ざわり、喉ごしといった触感にあります。稲庭うどん、讃岐うどん、きしめんが日本の三大うどんと言われています。それぞれ独特なおいしさがあります。練る、綯《な》い交ぜる、延ばす、干すなどの工程の中で、独特のつるつるした舌ざわりとこしのある歯ごたえを醸し出しています。日本各地で、独特の触感を出すためのたゆみない工夫がなされ、地域に根付いた特徴あるうどんが生まれたのです。日本にはおいしいものを作るために、ひたむきに努力してきたすばらしい食文化があるのです。

動物は、常温のものを食べています。ところが、ヒトは熱くした料理や、冷たくした料理を好みます。ヒトは、辛い味、強烈なにおい、熱い、冷たいなど、あらゆる手段を使って食欲を刺激するくふうをしてきました。

▼視覚の役割

アメリカやイギリスでは、タコは「悪魔の魚」と呼ばれていて、タコが嫌いな人が多くいます。タコは、アメリカ人やイギリス人にとってはグロテスクで気持ちが悪いという印象が強く、食べる気がしないのでしょう。日本では、イナゴやハチの子を好んで食べる人がいる一方で、気持ちが悪いという人も多くいます。食べ物の好き嫌いには、その食べ物のイメージが大きく寄与しています。

目隠しをして食べると、その食べ物を言い当てられない場合が多いのです。何を食べているかが不安で、目隠しをすると総じておいしくないと感じます。普通、食事をする時は、出された料理がどういうものかを判断してから食べています。正確に素材が分からなくても、これは魚なのか、肉なのか、野菜なのかを判断してから食べています。過去にその素材ないしは類似の素材の料理を食べているので、過去の記憶に照らして食べる心の準備をしているのです。

動物は、初めて食べるものに対して、非常に警戒（新奇恐怖）します。山本隆によると、ラットにリンゴジュースを与えると、最初は二ミリリットルぐらいしか飲まないが、その後、水を与えた後、再びリンゴジュースを与えると、五ミリリットルぐらい飲むようになります。これを繰り返すと、ラットは好んでリンゴジュースを飲むようになります。ラットは、リンゴジュースが安全でおいしい飲み物であることを学習したのです。

ヒトの場合も、その食べ物が安全でおいしいというイメージが脳にできあがると、おいしく食べられるようになります。

▼食物情報の脳内の流れ

味覚器で感知された味の情報は、味神経（主として鼓索神経と舌咽神経）を介して、大脳皮質味覚野に伝えられ、さらに大脳前頭連合野に伝えられます。

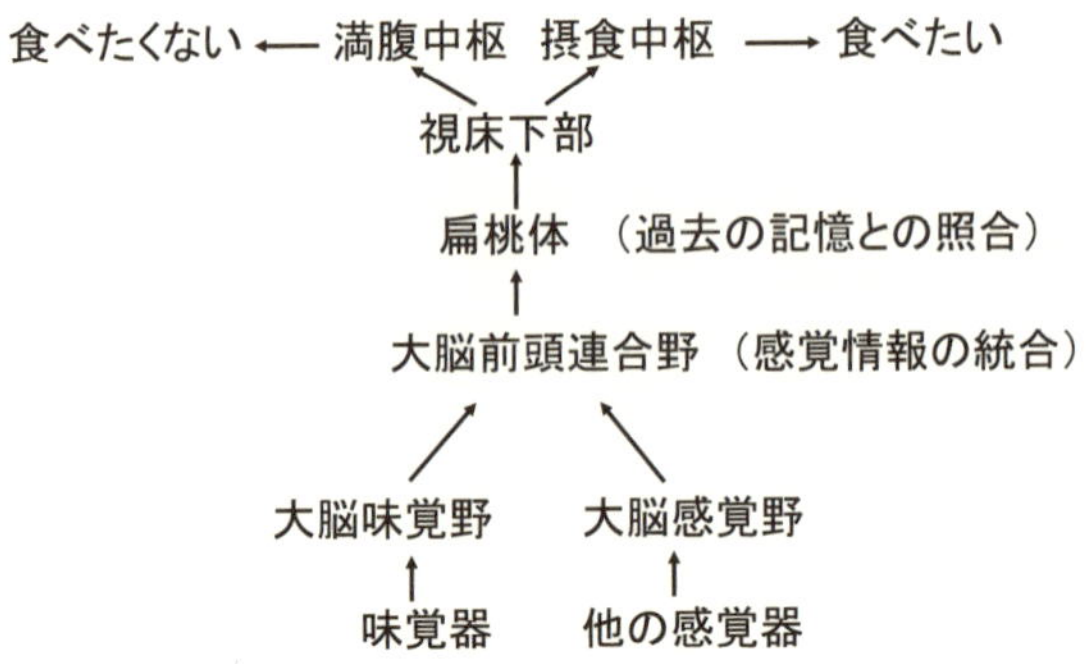

図6　脳内の食に関する情報の流れ

食べ物には、味のほかに、におい、形、色、温度、歯ごたえといった情報も含まれています。これらの情報は別々の感覚器で感知され、大脳皮質のそれぞれの感覚野に送られます。各感覚野に送られた情報は、大脳前頭連合野で統合されます（図6）。ここで、イチゴを食べた時に、赤い、良いにおいがする、甘い、ぶつぶつした感じがする、といった情報が統合され、イチゴという食べ物の全体的認識が行われます。

前頭連合野の情報は、さらに扁桃体に送られます。前に述べたように、動物は初めて食べるものに新奇恐怖を示しますが、扁桃体を破壊すると新奇恐怖を示さなくなり、食べ物と非食べ物の区別なく、なんでも口にするようになります。

扁桃体では、今食べているものと、過去の食体験との照合が行われています。扁桃体は、食べ慣れているものには食べて良いという判断を下しますが、今まで食べたことがないようなものには警戒心を起こさせます。

扁桃体からの情報は、視床下部に伝えられます。視床下部には摂食中枢と満腹中枢が存在します。摂食中枢は食べたいという食欲を起こさせる部位であり、満腹中枢はもうお腹が一杯で食べたくないという気を起こさせる部位です。

ネコの摂食中枢を電気的に刺激すると、いつまでも食べ続けます。満腹中枢を刺激すると、まったく食べなくなります。

扁桃体でおいしいと判断したものは、摂食中枢を刺激して食べる気を起こさせます。まずいと判断されたものは、満腹中枢を刺激して食べたくないという気を起こさせます。

▼食べ物の記憶

食物を食べたときの記憶は、小さいときほど鮮明に刻み込まれます。食べ物を食べるとき、味だけではなく、それを食べたときの状況も一緒に記憶されます。小さいときに暖かい家庭の雰囲気のなかで食べたものは、「お袋の味」として長く記憶されます。

一方、嫌な雰囲気のなかで食べたものは、嫌いな食べ物として記憶されます。牡蠣を食べて中毒を起こした経験のある人には、牡蠣が嫌いになる人が多くいます。動物は、中毒の経験を強烈に記憶しています。たとえば、ラットにある食べ物を食べさせた直後に、塩化リチウムを注射して中毒症状を起こさせます。ラットは、その食べ物で中毒を起こしたと思うのでしょう。以後、長い間、その食べ物を食べなくなります。

私は終戦後の食糧難のときに、毎日カボチャばかり食べさせられました。今のカボチャは昔ものよりはるかにおいしいのですが、カボチャを進んで食べたいとは思いません。カボチャを見ると、食糧難の時代をいちいち思い出すわけではありませんが、カボチャと嫌な思い出は脳のどこかでリンクされているようです。

グルメな人は、舌が肥えているとよく言います。ただし、頻繁においしいものを食べたからといって、味覚が特別敏感になるわけではありません。いろいろなおいしいものを食べると、それぞれの料理の記憶が脳に詰まってきます。おいしいものの記憶が脳に詰まってくると、脳が食べ物の微妙な味わいを区別できるようになります。グルメな人は、舌が肥えているのではなく、脳が肥えているのです。

国によって食べ物の好みは大きく違います。これは、小さい頃から形成されてきた食習慣の違いによります。小さい頃から食べ慣れている食べ物の記憶は脳に鮮明に刻み込まれており、その食べ物がおいしいことを脳が判断しています。それに長い間食べ慣れている食べ物に対しては、体の代謝システムが順応してくることもあります。

▼おいしい食材と料理

世界中の人が共通する、おいしいと思う食材はあるのでしょうか。ある時、カナダの東海岸の小さな町で学会がありました。懇親会のバーベキューが芝生の上で行われ、大きなロブスターが一人二匹配られました。世界各国からきた人々は、一様に大感激していました。ロブスターが好きなのは万国共通のようです。また、私が札幌で国際学会を主催した時、懇親会で

「イクラの醤油漬け」を出したところ、誰かがあれはおいしいと言ったことが伝わり、充分用意したはずなのにたちまちなくなってしまいました。外国人は初めて食べたはずですが、おいしいものには国境はないのかと思いました。

北海道には、毛ガニ、タラバガニのようなカニ、キンキやトキサケのような魚、つぶ貝や北寄貝などおいしい食材がたくさんあります。素材が良いのでそれほど料理の工夫をしなくても、おいしく食べられます。私は長年北海道にいたので、素材が良ければ、下手に手を加えなくてもいいと思っていました。

ある時、京都で「食」に関する科学研究費の会議に出席しました。懇親会でいささか酔っていたので、隣りにいた親しい京大の先生に、「京都にはこれといった食材がないので、たいした料理はないでしょうね」と無礼な質問をしました。その先生は、京料理の味が分からなくて、「食」を語る資格はないと、きっぱりと言われました。その後、何回か本格的な京料理を食べる機会がありました。薄味なのに絶妙で上品な味付けがしてあり、どの料理もすっと体に入ってくる優しさがあります。今は京料理の奥深い上品な味付けに脱帽しています。京料理の基本的な味はうま味です。うま味が一番生かされているのが京料理です。和食が世界遺産に登録されましたが、申請に中心的に尽力したのは京都の料亭のご主人と京大の先生方です。

今まで述べたおいしさの要素を参考に、レストランでの料理のサービスを考えてみます。まず、レストランは清潔で素敵なほうが望ましい。食器類も洒落ているほうがいい。これから、いかにもおいしそうな料理が出てくるという予感をもたせることが重要です。

食材が自慢できるものであれば、あらかじめ充分説明しておく。大間のマグロを出すなら、これは大間のマグロですと言っておかないと価値は半減します。料理を食べる前に、いかにもおいしそうだと予感させておくと、食べたいという意欲をかき立てる物質（ドーパミン）が脳内に分泌されます。その時に料理を食べればおいしさは倍増します。

07 うま味が世界で認められる

▼風味増強剤とみなされていた

図4の左に示したように、昆布だしは、ほぼ純粋なうま味溶液です。したがって、昆布に長年親しんできた日本人には、うま味はなじみの深い味です。

欧米でも、うま味調味料を料理に添加するとおいしくなることは、広く認識されていました。ただし、うま味調味料は風味増強剤（フレーバー増強剤）と分類されていました。

すなわち、うま味調味料それ自体には味がなく、他の味を増強する作用があるために料理がおいしくなるという考えです。

▼電気生理学的研究

舌の表面には、ぽつぽつした乳頭状の組織が点在しています。アイスクリームを舌に塗って、鏡で見れば、乳頭が浮き上がって見えます。乳頭の中には、味を感知する味蕾が存在します。味蕾は、数十個の味細胞が蕾状に集まったものです。味物質を舌に与えると、味細胞の先端にあるセンサー(受容体)に味物質が結合して、味細胞とつながっている味神経にインパルス状の電気信号を発生させます。電気信号は、最終的には大脳に送られ、ここで初めて味が知覚されます。

味神経に微小な電極を接触させて、味神経のパルス状の電気信号が単位時間当たり何個発生したかを測定すれば、味覚の強さを定量的に測定することができます。この方法で味の強さを計ることができますが、味の質に関する情報は得られません。味の質の情報は、以下のような方法で得ることができます。

一本の味神経は、細い繊維状の構造をしているので、神経繊維と呼びます。神経繊維は集まって束を形成しています。これを神経束と呼びます。味神経束は左右一対ありますが、ラットの一本の鼓索神経束(味神経束の一種)は、約五八〇本の神経繊維から構成されています。細い針で味神経束をほぐしていき、一本の繊維に電極を接触させると、一本の繊維からの信号を測定することができます。

ラットの舌にいろいろな味物質を与え、一本の神経繊維から電気信号を記録すると、パルス状の電気信号が観測されます。通常は味物質として、ショ糖(甘味)、食塩(塩味)、塩酸(酸味)、キニーネ(苦味)、グルタミン酸ナトリウム(うま味)が用いられます。各味物質に対する応答は、繊維ごとに異なります。甘味によく応答するもの、塩味によく応答するものなど、さまざまな特徴をもっています。なかには、一種類の味にしか応答しない繊維もあります。こういう繊維があると、なるほどその味は他の味とは違う味であるという証拠になります。

ラットの舌に、グルタミン酸ナトリウム（monosodium glutamate, MSG）を与えて、MSGだけに応答する繊維が存在するかどうかが調べられました。MSGに応答する繊維は存在しましたが、その繊維は必ず食塩（NaCl）にも応答します。MSGはNaイオンを含んでいるので、MSGに対する応答は、Naイオンに対する応答であると考えられていました。つまり、MSGにだけ応答する繊維は存在しないとされていました。

うま味研究会

前に述べたように、アメリカでは味覚テストの実験から、MSGそれ自体に味がなく、他の味を増強する風味増強剤であると考えられていました。この考えは、ヨーロッパでも広く信じられていました。一方、電気生理学的な研究でも、MSGにだけ応答する神経繊維が見つからなかったので、うま味という味が存在しないと考えられていました。

このような状況の中でも、日本にはうま味という味は当然存在すると考える研究者が多数いました。一九八二（昭和五七）年に、日本でうま味の研究を行っていた人たちが集まり、うま味研究会を発足させました。メンバーは、河村洋二郎（阪大、生理学、座長）、木村修一（東北大、栄養学）、鴻巣章二（東大、食品化学）、栗原堅三（北大、分子生理学）でした。

国際シンポジウム

このメンバーが中心となって、何回か国内でうま味シンポジウムを開催した後、一九八五（昭和六〇）年にハワイで第一回うま味国際シンポジウムを開催しました。参加者の国籍は、日本、アメリカ、イギリス、スイス、フランス、イスラエルなど多様でした。

何人かの外国の研究者から味覚テスト法による研究結果が、発表されました。MSGそれ自体には味はなく、他の味を増強する作用があるという従来の考えを踏襲しただけでした。外国人の研究者にとっては、山口静子のデータは衝撃的でした。山口は、二一種類の味物質の味覚テストを行い、うま味は明らかに従来の四基本味（甘味、塩味、酸味、苦味）とは違った質をもっていることを示しました。このことは、うま味は四基本味とは独立した味であることを示唆しています。

鴻巣章二の発表も圧巻でした。すでに先に紹介したので詳細は省略しますが、食物の味が簡単な成分で再現できること、いろいろな食材の味を再現するためには、うま味が不可欠であることを示した内容でした。

電気生理学的手法を用いた実験結果も、何人かの研究者によって発表されました。アメリカのビュードローは、いろいろな動物を用いて、電気生理学的な手法で各種の味物質に対する測定を行った結果を発表しました。結論は、先に述べたような当時の電気生理学者の意見を代表するものでした。すなわち、MSGのみに応答する神経繊維はないこと、MSGに対する応答はNaイオンの応答であることが結論でした。

ところが、二ノ宮裕三と船越正也は、こうした考えを真っ向から否定する結果を発表しました。彼らはマウス（ハツカネズミ）を実験に用いました。舌咽神経（味神経の一種）の神経繊維の中には、食塩（NaCl）にはほとんど応答しないが、ＭＳＧによく応答する繊維がありました。すなわち、ＭＳＧとNaClの応答は明らかに異なった応答であることを示唆しました。

シンポジウムの成果は、マーセル・デッカー社から単行本として出版されました。題名は“UMAMI: A Basic Taste”としました。この段階ではいささかフライングぎみの題名でした。この本は外国の研究者にも広く読まれましたので、その後、アメリカやヨーロッパからうま味を本格的に研究する人が出てきました。

第二回うま味国際シンポジウムは、一九九〇（平成二）年にイタリアのシシリー島で開かれました。第一回のシンポジウムから五年経過していましたが、その間にうま味の研究はめざましく進展しました。

以下には、私たちが発表したイヌを用いた研究を紹介します。よく実験に用いられるラットはＭＳＧとヌクレオチドの間の相乗作用を示しましたが、ヒトのそれに比べてはるかに小さいのです。これに対して、イヌはヒトに匹敵するほど大きな相乗作用を示しました。図７には、イヌ鼓索神経（味神経の一種）の応答を示しています。それ自体では応答を示さないような低い濃度のグアニル酸（ＧＭＰ）をＭＳＧに添加すると、応答は飛躍的に大きくなります。とく

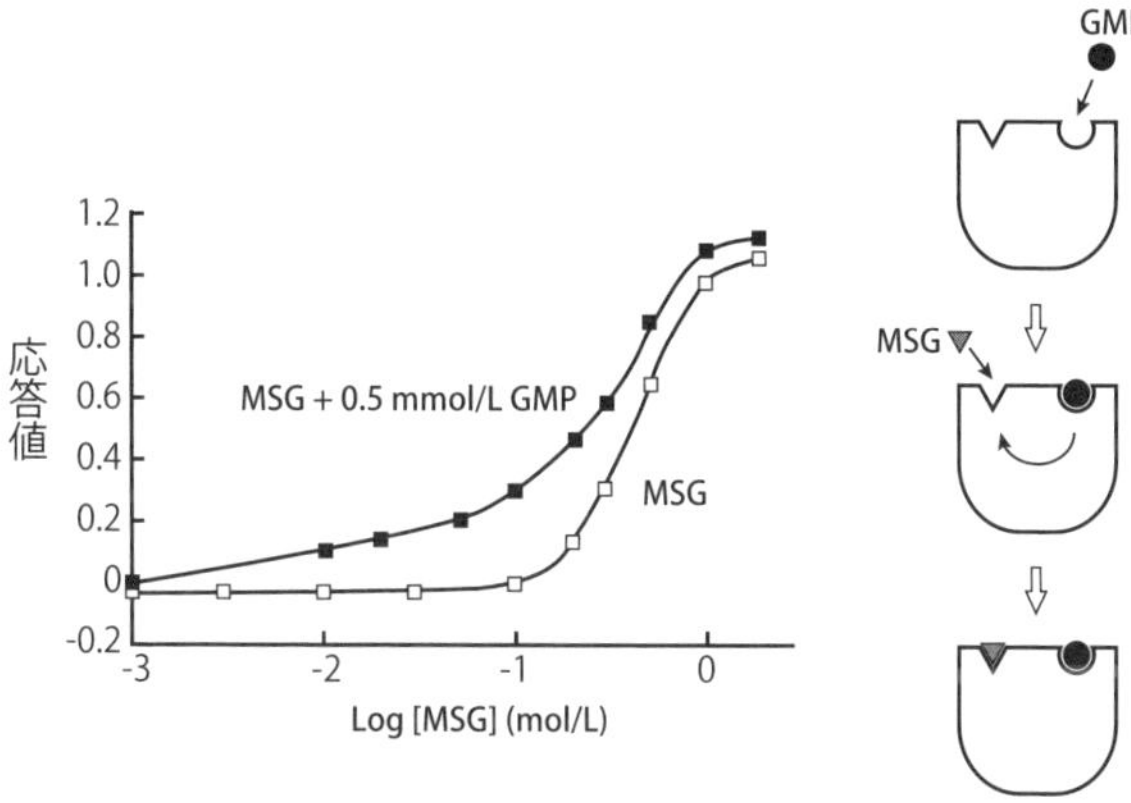

図７　イヌの味神経におけるグルタミン酸ナトリウム（MSG）とグアニル酸ナトリウム（GMP）との相乗作用（左図）とその作用機構の模式図（右図）
（Nakamura and Kurihara, 1991）

にＭＳＧの低濃度領域では、ＭＳＧ単独では応答が現れないのに、ＧＭＰ（これも応答が現れない濃度）を加えると大きな応答が出るのが特徴です。

この発表の中で、相乗作用の機構に関して次のような仮説を提唱しました（図７の右図）。うま味受容体（当時は未知）の分子内には、ＭＳＧとヌクレオチド（ＧＭＰまたはＩＭＰ）が結合する二つのサイトがあり、両者は近い位置に存在します。この両サイトに、アロステリック効果が働くという説です。すなわち、片方の受容サイトに刺激物質（たとえばＭＳＧ）が結合すると、他方のサイトに刺激物質（ヌクレオチド）が結合しやすくなるという説です。後に述べるように、最近のうま味受容体の研究では、両サイトは互いに近傍に存在することが明らかになっており、アロステリック効果説が支持されています。

第一回うま味国際シンポジウムのときに述べたように、ＭＳＧに対する応答はうま味応答ではなく、Na イオンに対する応答であるという発表がありました。そこで、食塩（NaCl）の応答を阻害するアミロライドという試薬を用いてみました。アミロライドを共存させると、食塩に対する応答は完全に阻害されました。一方、アミロライドは、ＭＳＧとグアニル酸の相乗作用で発現した大きなうま味応答には、まったく影響を与えませんでした。このことにより、うま味に対する応答は、明らかに Na イオンに対する応答ではないことが証明されました。

このシンポジウムから、オックスフォード大学のロールズが新しく参加しました。彼は脳研究の第一人者であり、サルの脳の神経からの電気応答を測定しました。舌に味物質を与えると味神経に電気的な信号が発生し、最終的には大脳味覚野（大脳前頭野、図６参照）に到達します。彼は大脳味覚野の神経繊維に微小電極を接触させて、舌にいろいろな味物質を与えたときの電気的応答を測定したのです。

神経繊維の中には、舌にＭＳＧを与えたときによく応答しますが、食塩をはじめ、他の味を与えたときにはほとんど応答しない繊維がありました。ここでも、ＭＳＧの応答はナトリウムイオンによる応答ではなく、うま味応答であることが明らかにされたのです。

このように、第一回と第二回のシンポジウムで、うま味は他の四基本味とは独立した新しい味であることが明らかにされました。従来から、味は甘味、酸味、苦味、塩味の四基本味に分類されてきましたが、これとは別にうま味が存在することを示すデータが蓄積されてきました。

▼うま味が第五番目の基本味として認められる

第一回と第二回のうま味国際シンポジウムは、主催者が招待した研究者だけが参加するクローズド・シンポジウムであり、一般の研究者は参加できません。誰でも参加できる学会の場で、うま味研究の発表と質疑応答が行われることが望ましいのです。これは、以下に述べる嗅覚・味覚国際シンポジウムで実現されました。

嗅覚・味覚国際シンポジウム（International Symposium on Olfaction and Taste，略称ＩＳＯＴ）は、嗅覚や味覚の分野における最大の国際学会です。アメリカ、ヨーロッパ、日本が四年に一度、持ち回りで開催することになっています。

一九九三（平成五）年に、第一一回のＩＳＯＴが日本で開かれることになりました。当時、北海道大学に在籍していた私が組織委員長に選ばれましたので、札幌で開催しました。ＩＳＯＴのプログラム編成会議で、筆者がうま味セッションを設けることを提案して了承されました。第一回と第二回うま味国際シンポジウムと違って、ＩＳＯＴは開かれた会議であり、誰でも参加できます。当時はすでにうま味が世界的に注目されていましたので、うま味セッションの会場には多くの欧米の研究者が来ていました。

札幌でのＩＳＯＴでうま味セッションが設けられたので、以後のＩＳＯＴでもこのセッションを設けることが慣例となりました。一九九七年に第一二回ＩＳＯＴがサンディエゴで開催されました。このときは、モネル化学感覚研究所（ペンシルバニア大学内にある嗅覚・味覚に関する世界的な研究所）の所長のビーチャムと私が、うま味セッションをオーガナイズしました。この会は、アメリカで初めて誰もが参加できる国際学会で、うま味が取り上げられた会でした。それまで得られていた成果（うま味が従来の基本味とは異なる新しい基本味である）を裏付ける多くの発表が行われました。

このときのうま味セッションの成果は、世界各国で大きく報道されました。ニューヨークタイムス紙は、「従来、味は四基本味だけとみなされてきたが、UMAMI は第五番目の新しい基本味である」ことを大きく取り上げました。うま味に相当する英語がないので、UMAMI を国際語とすることが研究者の間ではすでに同意されていたので、UMAMI の活字が大きく新聞紙上に載ったのです。新聞には、従来の四基本味がある舌の上に、うま味が遅れて乗ってくるというイラストが載っています。

ところで、どういう条件を満たしていれば基本味に分類できるのでしょうか。

①明らかに他の基本味とは違う味である。
②他の基本味と味が違っていても、その味がいろいろな食材に含まれる普遍的な味であることが必要である。
③他の基本味を組み合わせても、その味を作り出せない味である。
④その味の情報だけを伝える神経繊維およびその味の受容体が存在することにより、その味

が他の基本味と独立の味であることが客観的に証明され得る味である。

うま味はこの四つの条件を満たしています。明らかにうま味は他の基本味とは異なるので、①の条件を満たしています。うま味物質は多くの食材に普遍的に存在するので、②の条件も満たしています。他の基本味を組み合わせても、うま味を作り出すことはできないので、③の条件を満たしています。うま味の情報だけを伝える神経繊維が存在すること、後にくわしく述べるように、うま味受容体が存在することにより、④の条件をも満たしています。

08 うま味受容体

第一二回ＩＳＯＴのうま味セッションで、マイアミ大学のグループは、味蕾にうま味受容体が存在するという報告を行いました。実は、うま味物質の代表であるグルタミン酸は、脳で神経伝達物質の役割を果たしています。すなわち、グルタミン酸は、脳の神経の末端に蓄えられており、神経が刺激を受けると末端から放出され、隣接する神経（グルタミン酸を感知する受容体が存在する）に情報を伝える役割をしています。グルタミン酸受容体は、一種類ではなく、構造が違う数種類が存在することも分かっています。

マイアミ大学のグループは、味蕾にも脳にあるグルタミン酸受容体と似た受容体が存在すると仮定して、研究を始めました。その結果、舌には脳にある数種類のグルタミン酸受容体が存在することが分かりました。そのうちの mGluR4 と呼ばれる受容体は、舌の他の部位にはなく味蕾のみに存在したので、これがうま味受容体であるという発表を行いました。たしかに mGluR4 は、うま味受容体である可能性はありますが、これが真のうま味受容体であることを証明するのはなかなか難しいところがあります。この受容体はグルタミン酸とイノシン酸またはグアニル酸との間で相乗作用を示さないという弱点があったので、真のうま味受容体は別にあると考える研究者もいました。後でくわしく述べますが、二〇〇二（平成一四）年に新しいうま味受容体が存在することが明らかになりました。

▼刺激物質を感知する共通の仕組み

うま味だけではなく、甘味や苦味の受容体を見つけるのは非常に難しいので、長い間、受容体の研究には進展がありませんでした。ところが、一九九〇年代の末から、味覚受容体の研究が飛躍的に進展しました。当時すでに嗅覚受容体が発見されていたので、その手法が味覚受容体の探索に適用されたためです。

ホルモンや神経伝達物質のような刺激物質を感知する細胞の表面には、受容体が存在します。この受容体の多くは、一本の細長いタンパク質です。このタンパク質は細胞膜の脂質二重層中で折れ曲がって、七回細胞膜を貫通しています。一般には七回膜貫通型受容体と呼びます。図8の左図は平面構造を示し、右図は立体構造を示しています。七本の鎖が丸まって円筒を作っており、円筒の中心のポケットに刺激物質が入ります。

コロンビア大学のバックは、においの受容体も、七回膜貫通型構造をもっていると考えました。そうなら、嗅細胞に七回膜貫通型受容体を作る遺伝子が存在するはずです。バックは嗅細胞から七回膜貫通型受容体の遺伝子を探しました。悪戦苦闘の末、ついに約千種類の少しずつ構造の違った七回膜貫通型の受容体を作る遺伝子群を発見しました。たくさんの種類のにおい物質が存在するので、それぞれのにおい物質に対応したポケットをもつ受容体が多数存在していたのです。この研究で、バックとアクセル（バックの上司）は、二〇〇四（平成一六）年にノーベル医学生理学賞を受賞しました。

▼味覚受容体の発見

味の基本味は、酸味、塩味、苦味、甘味、うま味の五つです。このうち、酸味は味細胞表面に存在するプロトンチャネル（孔）をプロトン（H^+）が通過するために発現します。塩味はナトリウムイオン（Na^+）が

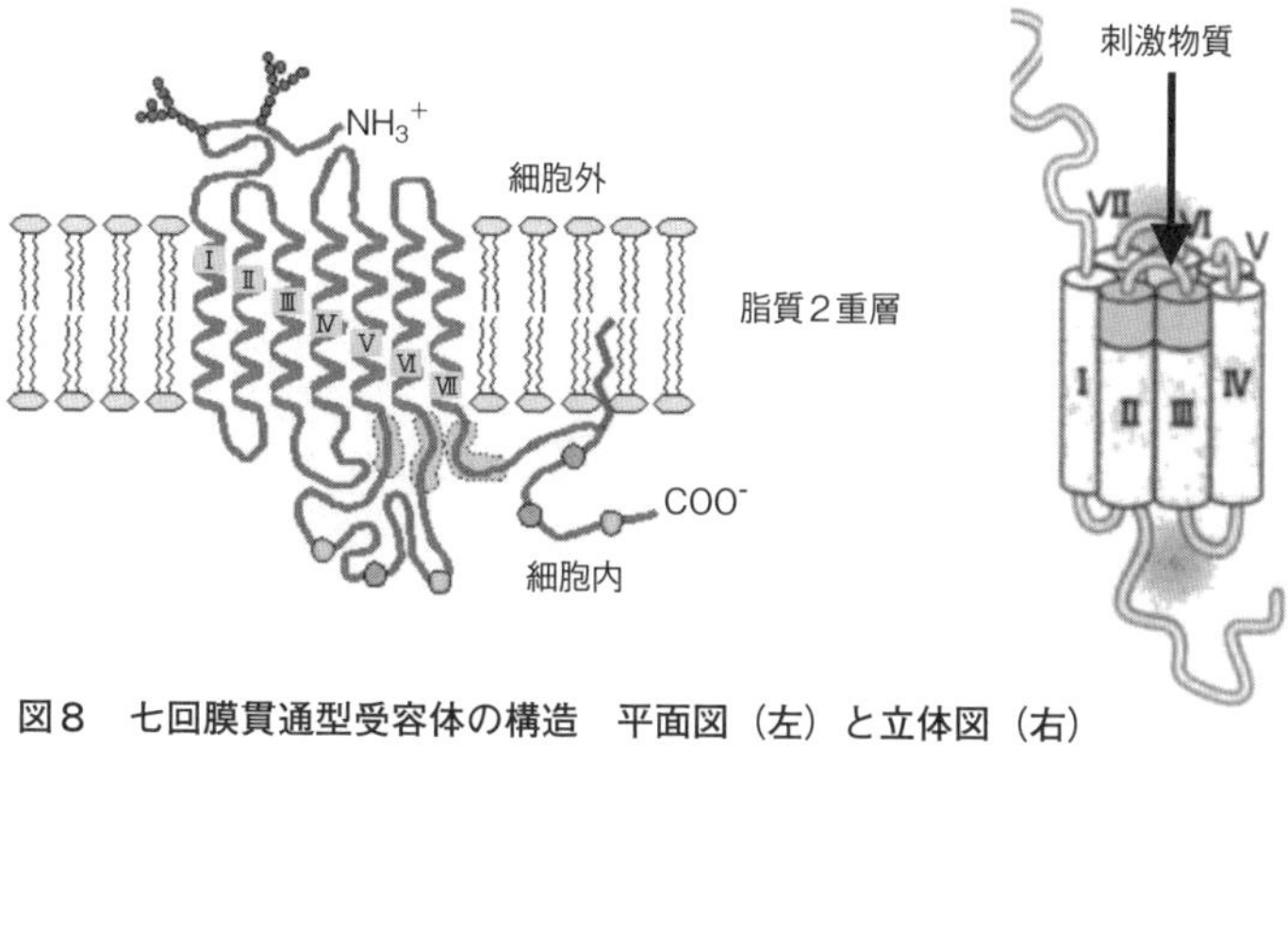

図８　七回膜貫通型受容体の構造　平面図（左）と立体図（右）

チャネルを透過することにより発現します。プロトンやナトリウムの刺激は、チャネルを通過することにより引き起こされるので、七回膜貫通型受容体ではありません。

残りの苦味、甘味、うま味の受容体は、七回膜貫通型の可能性があります。バックの研究に刺激されて、一九九〇年代の末に、いくつかの研究室がこれらの味物質に対する受容体の探索を始めました。

一九九九年にカリフォルニア大学のズッカーのグループが、まず苦味受容体T2rを発見しました。七回膜貫通型の構造をしています。T2rは一種類ではなく、構造が少しずつ異なる四〇から八〇種類存在します。苦味物質には、構造が違う多種類のものが存在するので、こうした苦味物質が入るポケットの構造が違う苦味受容体が多数存在するのでしょう。

二〇〇二年には、世界各国の六つのグループが、同時に甘味受容体を発見しました。甘味受容体は、T1r2とT1r3と呼ばれる二つの七回膜貫通型の受容体の複合体でした。

▼うま味受容体の発見

さていよいよ、うま味受容体の話に移ります。二〇〇二（平成一四）年にアメリカのズッカーのグループは、マウス由来のT1r1とT1r3受容体の複合体が、アミノ酸受容体であると報告しました。この受容体はグルタミン酸だけではなく、多くのアミノ酸に応答します。イノシン酸を加えると、ほとんどのアミノ酸の応答が増強されました。

ヒトの場合、マウスと違って相乗作用はグルタミン酸とヌクレオチド（イノシン酸または

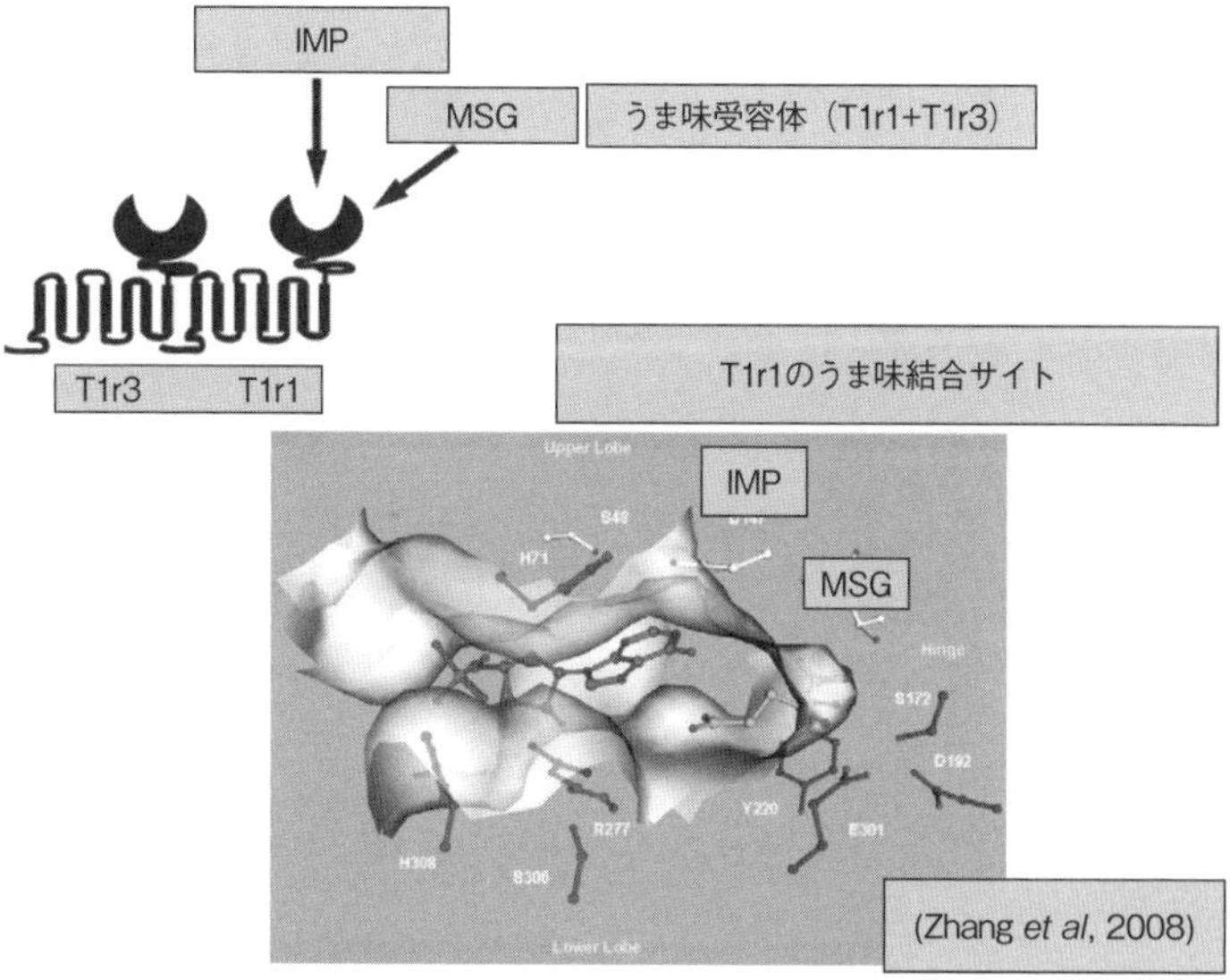

図９　うま味受容体の構造　受容体の全体（左上）　T1r1の分子中のMSG（グルタミン酸塩）とIMP（イノシン酸塩）の結合サイト（中央）

グアニル酸）の組み合わせだけで起こります。リーらは、ヒトの T1r1+T1r3 系を用いました。予想どおり、イノシン酸はグルタミン酸の応答のみを特異的に増強することを明らかにしました。ヒトのうま味応答と驚くほどよく似ているのです。この結果、T1r1+T1r3 の複合体は、うま味受容体であると結論されました（図9の左上）。

うま味受容体は T1r1 と T1r3 の複合体ですが、グルタミン酸とイノシン酸が結合するサイトは、ともに T1r1 分子中に存在することが明らかになりました。図9には、T1r1 分子の構造を示しています。グルタミン酸ナトリウム（ＭＳＧ）とイノシン酸ナトリウム（ＩＭＰ）の結合サイトが、互いに近接しているのが分かります。両者の位置が近いことは、両者の間でアロステリック作用が働くことを示唆しています。先に私たちが提唱した相乗作用に関するアロステリックモデル（図7の右）が支持されたことを意味しています。

09 消化管におけるグルタミン酸の感知と吸収

▼消化管に存在する味覚受容体

最近、消化管に「味覚受容体」が存在することが分かってきました。

たとえば、舌に存在する甘味受容体（T1r2+T1r3）が、消化管にも存在することが明らかになりました。口からグルコースを摂取すると、グルコースは消化管に運ばれますが、ここで甘味受容体に結合します。この結果、インクレチンと呼ばれるホルモンの分泌が促進されます。インクレチンは、膵臓に作用してインスリンの分泌を促進するホルモンです。インスリンは、血液中の糖が筋肉のような組織に取り込まれるのを促進する作用をもっています。インクレチンは、インスリンの分泌を促進するので、糖尿病の治療薬として注目されています。

胃には、脳でグルタミン酸の受容に関与している代謝型Glu受容体I型が存在します。胃には迷走神経の末端が存在しており、この神経を介して胃からの情報が脳に伝えられます。鳥居邦夫らは、ラットの胃にグルタミン酸を与えたときの迷走神経の活動を測定しました。胃にいろいろなアミノ酸を与えたところ、グルタミン酸のみが迷走神経の活動を活性化しました。他のアミノ酸には、このような作用はほとんどありません。

グルタミン酸はタンパク質中に最も多く含まれているアミノ酸ですから、胃の中に入ってくるグルタミン酸は、胃の中に食物が入ってきたというシグナルの役目をしていると考えられます。胃からの情報は迷走神経を介して脳に伝えられ、脳からいろいろな組織に指令が出されます。この結果、胃液や膵液などの分泌が促進され、食物の消化が助けられると思われます。

▼グルタミン酸は小腸で使われる

食物と一緒に摂取したグルタミン酸は、小腸（十二指腸、空腸、回腸）で吸収されますが、その後、体内でどのような運命をたどるのでしょうか。その前に、代表的な栄養源であるグルコースを例にとり、体内での動きを説明します。グルコースは小腸で吸収されると、肝臓につながっている門脈と呼ばれる血管を通って肝臓に行き、そこから全身を回る血液に入ります。この結果、筋肉や脳などの全身の組織にグルコースが運ばれ、エネルギー源として利用されます。

ところが、口から摂取したグルタミン酸は、グルコースと違って全身を回る血液にはほとんど入りません。私たちは、毎日の食事で約二〇グラムのグルタミン酸を摂取しています。二〇グラムのうちの大部分は、食物として摂取するタンパク質由来です（タンパク質が消化管で分解されると遊離のグルタミン酸が生じる）。口から摂取したグルタミン酸と消化管でタンパク質の分解によって生じたグルタミン酸は、小腸から吸収されます。ところが小腸から吸収されたグルタミン酸の九五パーセント以上は、小腸で消費されてしまいます。このため、グルタミン酸は全身を回る血液にはほとんど入りません。したがって、脳にも届かないし、筋肉にも届きません。

小腸で吸収されたグルタミン酸は、分解されてエネルギーとして使われるか、他のアミノ酸の合成に使われるか、グルタチオンの合成に使われます。グルタチオンに関しては、後で述べます。

▼必須アミノ酸と非必須アミノ酸

タンパク質は、二〇種類のアミノ酸から構成されています。植物は二〇種類すべてのアミノ酸を作ることができます。ヒトは一一種類のアミノ酸を体内で作ることができますが、残りの九種類を作ることができません。

私たちの体には、タンパク質に含まれているすべてのアミノ酸が必要なので、この九種類のアミノ酸は食物から摂らざるを得ません。これらのアミノ酸を必須アミノ酸と呼んでいます。必須アミノ酸は植物に含まれていますが、動物にも植物から摂取した必須アミノ酸が含まれているので、普通に食事をしていれば、必須アミノ酸は充分体内に供給されています。

残りの一一種類のアミノ酸は、非必須アミノ酸と呼ばれています。非必須アミノ酸という呼び方は、重要でないアミノ酸という誤解を生じさせますが、私たちの体には必須アミノ酸も非必須アミノ酸も、ともになくてはならないアミノ酸です。

グルタミン酸は、非必須アミノ酸です。したがって、食物から摂らなくても、体の中で合成できます。前に述べたように、グルタミン酸は脳内に大量に存在し、神経伝達物質として働いていますが、脳内で合成されています。脳以外の組織でもグルタミン酸を含むタンパク質が多数存在しますが、そのなかのグルタミン酸はそれぞれの組織で合成されています。前に述べたように、口から摂取するグルタミン酸は、大部分が小腸で使われてしまうので、全身を回る血液から各組織にグルタミン酸が供給されることはほとんどありません。各組織が自前で合成しているのです。

10 うま味と健康

▼うま味の減塩効果

低濃度の食塩は、アミノ酸の味やうま味を引き出すのに不可欠ですが、過剰な食塩の摂取は体に良いことはありません。過剰な食塩を摂取している人は、減塩に心がけることが重要であることは言うまでもありません。

食塩をある程度減らしても、他のもので味付けをすれば、それなりにおいしく料理ができます。たとえば、酢を使えば食塩量が少なくてもそれなりの味になります。しかしながら、どんな料理にも酢を使うわけにはいきません。

うま味があると、食塩量が少なくてもおいしさを出すことができます。多くの被験者を対象に行った実験では、食塩量をある程度減らしても、うま味物質の入っただし、あるいはうま味調味料を使えば、おいしさが保持されることが実証されています。たとえば、かき玉汁を作るとき、うま味を強くすると、三〇パーセントぐらい食塩を減らしても、通常の方法で作ったかき玉汁と同じおいしさを維持できるという実験結果があります。

▼うま味による唾液分泌の促進

唾液にはいろいろな生理作用があり、私たちの健康を支えています。唾液中にはアミラーゼが存在し、デンプンを分解するのに役立っています。また、唾液の中にはリゾチームという殺菌作用のある酵素が含まれています。

味のなかでは、酸味が唾液を分泌させる効果があることはよく知られています。酸味の場合は、唾液は二〜三分ぐらい出続けますが、うま味の場合は一〇分ぐらい出続けます。一〇分間の唾液分泌量を比較しますと、通常時が約五グラム、酸味の場合は約六・五グラム、うま味の場合は約八グラムというデータがあります。

ドライマウスは、唾液が出にくいので口が渇いてしまう症状です。高齢者にとくに多く見られます。こうした症状の人に、昆布水を与える方法が行われています。昆布水は、昆布だしを適当に水で薄めたものです。昆布水のうま味により、唾液の分泌が盛んになり、ドライマウスを改善できます。

▼赤ちゃんの健康を守る

グルタチオンは、グルタミン酸、システイン、グリシンの三つのアミノ酸がつながった構造をしています。生体に有害である活性酸素やフリーラジカルのような物質を、無毒化する作用があります。グルタチオンの合成には、グルタミン酸が必要です。

乳幼児の場合は、栄養物は母乳から摂ります。母乳のなかには、グルタミン酸が豊富に含まれていますので、小腸で吸収されたグルタミン酸からグルタチオンが作られます。赤ちゃんでは有毒物質から身を守るシステムが未発達ですから、母乳中のグルタミン酸は、赤ちゃんの健康を守る重要な役割を果たしています。

▼日本食の栄養バランス

日本食ブームの原因の一つは、日本食は栄養バランスが優れていて体に良いというイメージが広まったことにあります。

日本食が体に良いというイメージは、マグガバン報告書に端を発しています。一九七〇年代のアメリカでは、肥満、糖尿病、心臓疾患、大腸がんなどが深刻な状況になっていました。アメリカの上院議員であったマクガバンは、これらの状況を打開するためには、アメリカ人の食生活を改善する必要があると考えました。マクガバンは、全世界の一流の医学・栄養学者を結集して、「栄養と慢性疾患の関係」について七年間調査研究を行い、一九七七（昭和五二）年に五千ページにも及ぶ報告書を提出しました。

アメリカの当時の摂取脂肪カロリーは四二パーセント、タンパク質のそれは一二パーセント、炭水化物のそれは二八パーセントでした（図10の左）。これに対して報告書では、脂肪は三〇パーセント、タンパク質は一二パーセント、炭水化物（穀物）は四八パーセントになるように改善すべきだと提案しました。砂糖は当時、一八パーセントでしたが、これも一〇パーセントにすべきだとしています（図10の右）。

マクガバン報告書が出された当時、日本人の脂肪摂取カロリーは二〇～二五パーセントですから合格です。タンパク質や炭水化物の摂取量も、報告書の推奨値に合致していました。これによって、日本食は栄養バランスが良いことが広まりました。

▼だしと脂肪との戦い

日本人にとっては、脂肪摂取カロリーは、二五パーセントが基準とされています。ところが二〇〇七（平成一九）年には、摂取脂肪カロリーは二八・八パーセントに増加し、その分だけ炭水化物の摂取カロリーが減少しています。食の欧米化は、脂肪の摂取量を増やすので、脂肪の誘惑に打ち勝つことが課題です。

脂肪は高カロリーですから、食べると活力が出ます。ラットは最初、脂肪を舐めませんが、何度も脂肪を与えますと、脂肪を舐めると活力が出ることを記憶して、脂肪に病みつきになります。これは、人にもあてはまります。食が欧米化すると、脂肪の摂取量が増

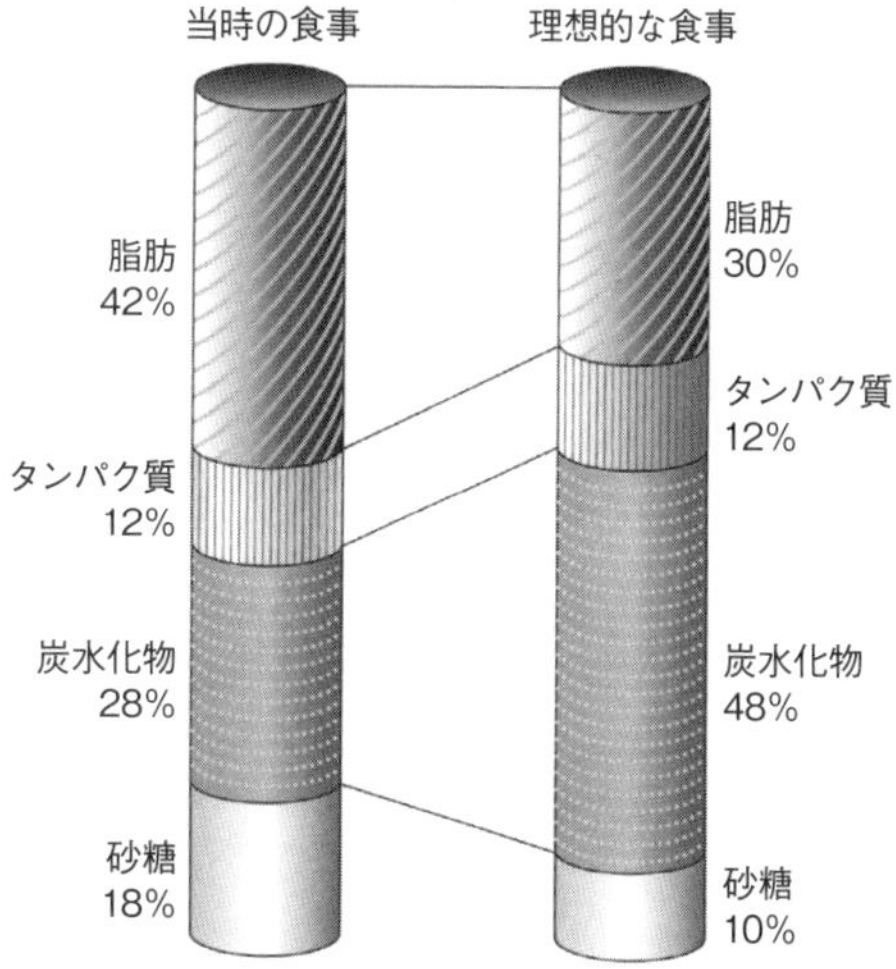

図10　アメリカにおける脂肪、タンパク質、炭水化物の摂取カロリー比（左）と理想的な食事の栄養バランス（右）

えます。脂肪の誘惑にはなかなかかてないのです。

一方、だしの味が主役の日本食には、脂肪があまり入っていません。だしを活用すれば、かつての日本食のように栄養バランスのとれた食事ができます。食の好みは、大部分が幼児期に決まります。今の子どもたちのお袋の味は、ハンバーガーの味かも知れませんが、日本人の栄養バランスを正しい方向に戻すには、小さい頃からだしのきいた食事に慣れさせることが大切です。

11 世界に広がるうま味と日本食

▼欧米のマスコミでうま味が好意的に取り上げられる

近年欧米のマスコミは、うま味に関する話題をたびたび取り上げています。二〇〇七年一二月のウォール・ストリート・ジャーナル紙は、うま味は欧米人にもなじみ深い食物（エスカルゴ、トマトケチャップ、チーズ、アンチョビなど）に多く含まれていることを大きく報道しました。二〇〇八年に私はＮＨＫの外国人向けの放送で、三回にわたってうま味の話をしました。これはそれぞれの国の言葉に翻訳されて、世界各国で報道されました。

うま味インフォメーションセンターの理事である二宮くみ子は、二〇〇八年七月に、嗅覚・味覚国際シンポジウム（ＩＳＯＴ）のサテライトシンポジウムとして「New Frontiers of Taste in San Francisco」と題するイベントを企画しました。このシンポジウムには、研究者、ジャーナリスト、シェフなどが参加し、うま味と日本食についての議論がなされました。この時の模様は、アメリカのマスコミで大きく取り上げられました。

アメリカには、グルタミン酸ナトリウム（ＭＳＧ）には、根強い嫌悪感がありました。それは、後で述べるように、中華料理を食べるとその中に入っているＭＳＧのために頭痛を訴える人がいるという報道によります。ニューヨーク・タイムズ紙は、ＭＳＧバッシングの先頭にいました。ところが、二〇〇八年三月五日付けのニューヨーク・タイムズ紙には"Yes, MSG, the Secret Behind the Savor"と題する記事が掲載されました。Yes, MSGというのは、「ＭＳＧは安全で問題ありません」という意味です。その理由を、以下のようにかなりくわしく説明しています。

一九六八年のニューイングランド・ジャーナル・オブ・メディシン誌に、中華料理を食べると顔がほてったり頭痛がすると訴える人がいるという報告がされました。その原因は、中華料理に含まれるＭＳＧであると記述されています。この報告は、論文ではなく半ページにも満たない短い手紙で、しかもデータも何も示していません。以後この症状は、中華料理店症候群と呼ばれるようになりました。当時、アメリカをはじめ世界中のマスコミは、中華料理店症候群を大々的に取り上げたので、ＭＳＧは体に悪いというイメージが広まりました。日本でも同様な報道が、繰り返し行われました。

その後、これらの症状を訴える人に対して、二重盲検法による臨床検査が行われました。たとえば、一方にはＭＳＧを、他方にはデンプンを入れて、どちらの場合に症状が起こるかが調べられましたが、被験者の症状とＭＳＧとはまったく関係がないと結論されました。このような臨床検査は多くのグループで行われましたが、いずれも症状とＭＳＧの摂取とは関係がないと結論されました。ＭＳＧは安全であるという意味で、ニューヨーク・タイムズ紙では「Yes, MSG」という題を付けた記事を載せたのです。記事の最後は、アメリカのある科学者の意見（食塩や砂糖と同じように、ＭＳＧは自然界に存在するものであり、適当な濃度であれば良い味がするものである）で結んでいます。

ＭＳＧの安全性は、国連の国際食料農業機構、世界保健機関（ＷＨＯ）、ＥＵの食料科学委員会などにより、一九八八年と一九九〇年に再確認されています。

今でも日本では、化学調味料は使用していません、という表示がよく見られます。あたかも、ＭＳＧは体に悪いと言わんばかりです。これも中華料理店症候群の悪影響です。化学調味料という言葉は、ＮＨＫでグルタミン酸調味料を取り上げたとき、特定の企業の製品名を出すわけにはいかないので、初めて使った言葉です。化学調味料というと、なかにはグルタミン酸ナトリウムは、化学的に合成されたものと誤解している人もいますが、現在市販されているうま味調味料は、発酵法で作られたものです。味噌や醤油やお酒も発酵法で作られていますが、こちらを問題にする人はいません。

▼海外における日本食の啓発活動

いろいろな団体が、外国人に対して日本食の啓発活動を行ってきました。ＮＰＯ法人日本料理アカデミーは、京都の日本料理人と大学の研究者によって結成された団体です。日本料理を正しく理解してもらうために、日本人だけではなく、外国人に対しても日本料理の啓発活動を行っています。フランスやアメリカのシェフを京都に招き、日本料理の研修を行ったり、パリやニューヨークに日本料理人を派遣して、現地のシェフや料理を学んでいる学生を対象に、日本料理のワークショップを開いています。

私は最近まで、ＮＰＯ法人うま味インフォメーションセンターの理事長を務めていました。この法人は、うま味に関する正確で科学的な情報を世界に発信することを目的に結成されました。うま味は日本食とは切っても切れない関係にあるので、特に海外において日本食の啓発活動を行っています。

現在までに、世界の一四カ国で啓発活動を行ってきました。日本から派遣した日本人シェフが、現地のシェフや料理を学んでいる学生に日本食のデモンストレーションを行ったり、専門家がうま味に関するレクチャーを行ったり、現地の大学や料理専門学校などと共催して日本食とうま味のシンポジウムを行ったりしてきました。

カリナリー・インスティテュート・オブ・アメリカ（Culinary Institute of America）は、ニューヨークに本部があるアメリカ最大の権威ある料理・レストラン専門学校です。二〇一三年にはニューヨーク州のハイドパーク校で、うま味の講義と日本食のデモンストレーションを行いました。

京都の老舗の料亭のご主人が二人、外国で人気のある日本食レストラン（Nobu）の総料理長などが参加されました。講義に先立ち、昆布とかつお節の製造法と特徴を映像で説明しました。その後、「ヒラメの昆布締め」、「昆布チップとドライ味噌を使ったテンダーロイン・ビーフのカルパッチョ」、「トマトとチーズを添えたランゴスチン（ヨーロッパアカザエビ）のロースト」など、いずれもうま味がきいた料理が出されました。圧倒的に好評でしたので、二〇一四年にも京都の老舗「菊之井」のご主人をお迎えして、同じようなイベントが同校で行われました。

こうした活動もあって、世界のシェフの日本食に対する関心は非常に高くなりました。欧米から京都に日本料理の修業に来て、母国での自作料理に日本料理のワザを取り入れているシェフもいます。フランスの著名なシェフの中には、昆布やかつお節のうま味を、自作料理の隠し味として使っている人もいます。

学術的には、一九九〇年代にUMAMIが国際語として認知されましたが、今や外国の一般市民の間でも、UMAMIという言葉は定着しています。Oxford English Dictionaryをはじめ、世界の代表的な五つの辞書には、いずれもUMAMIという単語が載っています。

▼日本食の特徴はうま味

日本食ブームが世界的に広がっているもう一つの理由は、日本食の特徴であるうま味が新鮮な味として広く受け入れられたことにあります。確かに欧米の食品にもグルタミン酸を豊富に含む食品はありますが、欧米の料理は濃厚な味付けをしているので、味わっただけではうま味が入っているかどうか分からないものが多くあります。フランス料理でも中華料理でも、濃厚な料理にソースをかけたり、濃いスープと一緒にじっくり煮込むのが普通ですが、日本料理ではできるだけ素材本来の味を味わうことを目指しているので、素材の味が隠れてしまうような味付けはしません。日本食では昆布のだしをよく使いますが、このだしはほとんど純粋なうま味溶液です。濃厚な味付けをしない日本食の味は、うま味がそのまま感じられるようになっています。

▼和食が世界遺産として認められる

国際連合教育科学文化機関（ユネスコ）は、二〇一三（平成二五）年一二月、アゼルバイジャンのバクーで開いた政府間委員会で、日本政府が提案していた「和食：日本人の伝統的な食文化」の無形文化遺産への登録を決めました。

南北に長く、四季が明確な日本には多様で豊かな自然があり、そこで生まれた食文化もまた、これに寄り添うように育まれてきました。このような、「自然を尊ぶ」という日本人の気質に基づいた「食」に関する「習わし」を、「和食：日本人の伝統的な食文化」と題して、ユネスコ無形文化遺産に登録申請して、これが認められたのです。
「和食」の特徴を以下のようにまとめています。

①多様で新鮮な食材とその持ち味の尊重

日本の国土は南北に長く、海、山、里と表情豊かな自然が広がっているため、各地で地域に根ざした多様な食材が用いられています。また、素材の味わいを活かす調理技術・調理道具が発達しています。

②栄養バランスに優れた健康的な食生活

一汁三菜を基本とする日本の食事スタイルは理想的な栄養バランスと言われています。また、「うま味」を上手に使うことによって動物性油脂の少ない食生活を実現しており、日本人の長寿、肥満防止に役立っています。

③自然の美しさや季節の移ろいの表現

食事の場で、自然の美しさや四季の移ろいを表現することも特徴の一つです。季節の花や葉などで料理を飾りつけたり、季節に合った調度品や器を利用したりして、季節感を楽しみます。

④正月などの年中行事との密接な関わり

日本の食文化は、年中行事と密接に関わって育まれてきました。自然の恵みである「食」を分け合い、食の時間をともにすることで、家族や地域の絆を深めてきました。

第二章

だしの素材［昆布　こんぶ］

01 昆布の名称

四方を海に囲まれた日本は、昆布をはじめ無尽蔵ともいえる海の幸に恵まれています。太陽エネルギーで加工された昆布の歴史は古く、『延喜式』（九二七年）には、「広布（ヒロメ）」と記載されています。この広布を音読みした「コウブ」が変化してコンブになった、あるいはアイヌ語のコンプ、コンポがコンブなった等、昆布の語源についてはいくつかの説がありますが、いずれかはっきりしていません。

昆布は、またの名を「エビスメ」とも称しました。エビスとは蝦夷地のこと、メとは布（め）、すなわち幅広の海藻であることを意味します。つまり、蝦夷地に産する海藻であることを示しています。

02 昆布の生態

磯が発達した海岸には、たくさんの海藻が生育しています。

その体内に含まれる色素によって、褐藻類、緑藻類、紅藻類の三つに分けられ、昆布は褐藻類のコンブ科に属します。また、昆布は海藻の中で最も大きく、葉体の表層細胞が光合成に必要な色素をもっていて成長します。日本では一四属四五種生息していますが、普通、市場で流通

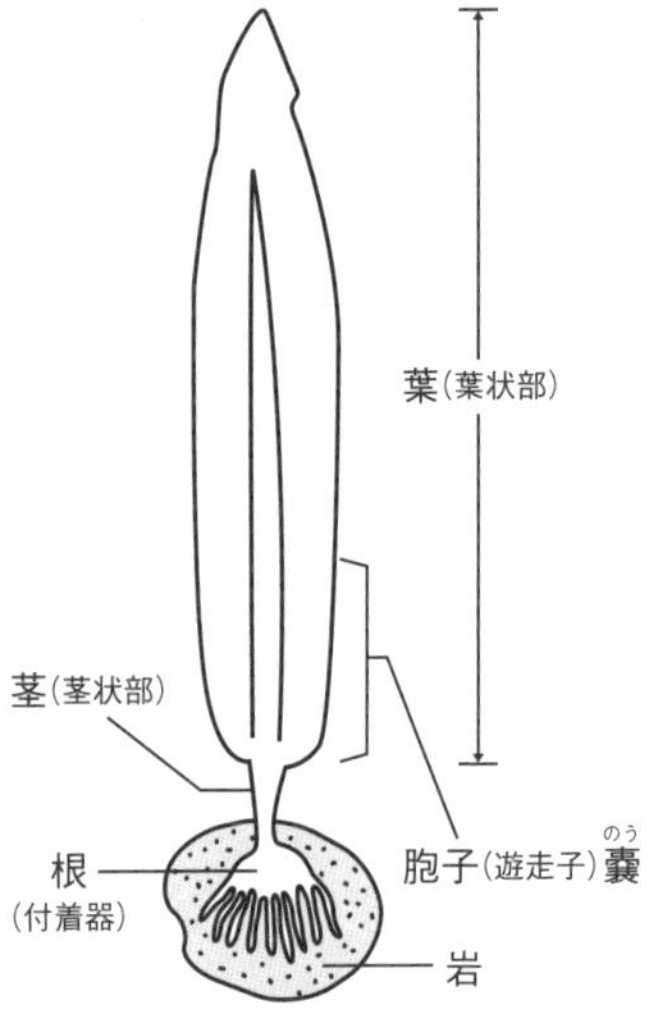

しているのは昆布属の一七種類くらいです。

日本産の昆布類一二属の分布は寒流系と暖流系とに分かれ、海流によって採れる種類も違います。

昆布は外海に面した波の荒い岩礁地帯の水深五メートルから七メートル付近に生息します。

葉体は根、茎、葉の三部分からなり、遊走子嚢は葉の下部に形成されます。帯状の胞子体は、夏に繁殖期を迎え、秋から翌春にかけて成長します。二年目からは、一年体の外側に重なって成長して肉厚となり、寿命は二年から三年です。

03 天然昆布

昆布は海中で光合成を行って成長します。大きさは二メートルから大きいもので一〇メートルにもなり、幅は六〇センチ以上に成長するものもあります。胞子体は、二年目の繁殖期を終えた七月頃から二年体として肉厚のものになります。

採取時期は七月中旬から九月前半ですが、各産地ごとに異なり、採取時期などにより、「走り採り」「後採り」「夏採り」「秋採り」などの呼び名があります。七月以前に採る二年体を「棹前昆布」と言います。また、浜での拾い昆布は年間を通して行われています。種類等複雑であるので、日本農林規格、北海道水産物検査条例などで規格が定められています。

現在、「元揃昆布」「折昆布」「長切昆布」「棒昆布」「雑昆布」に分けられています。

04 養殖昆布

養殖昆布は、栄養塩基類の入った大きなプールに一年ほどつけて、幼体の成長を早めておいてからロープに付けて浮き球（フロート）とともに海に流します（下図）。

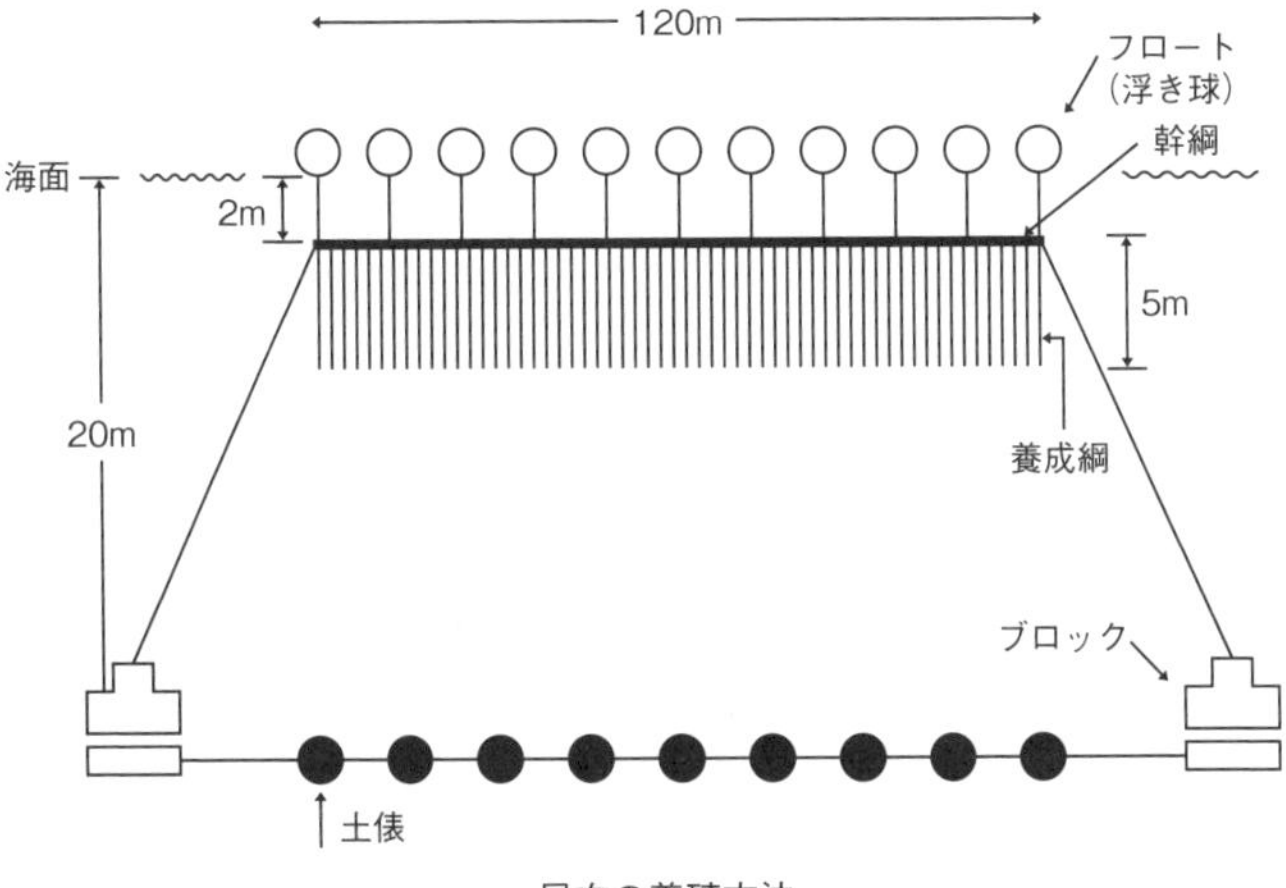

昆布の養殖方法

05 昆布の採取と製造加工

昆布の採取は、浜ごとの漁業組合により日時は違いますが、浜に白旗が上がるのを目印に、漁船でいっせいに漁場に向かいます。

そして、海の深さや浜の条件にあう、マッカと呼ばれる棒状の棹の先が二股に分かれた道具で、これに昆布を巻きつけて、引き抜いて採取します。

採取した昆布は漁船で海岸まで運び、海水で回転ブラシを使って、雑物を洗い流します。

そして、根を切り海辺に並べて、伸ばしながら天日乾燥します。

昆布の採取

乾燥した昆布はそれぞれ漁師の加工工場に運び、積み重ねて保存します。その後、秋から冬にかけて不良部分を切り取ったり、耳の部分をハサミで切ったりしながら、年間かけて製品加工します。この加工は大変な作業で、折ったり、曲げたり、伸ばしたり、それぞれの規格に合わせて調整します。

06 昆布の加工品

昆布の需要は大変範囲が広く、用途もさまざまで多くの製品として加工されます。

代表的なものに、とろろ昆布、おぼろ昆布、松前漬、昆布茶、バッテラ、昆布飴、爪昆布、汐吹き昆布、おしゃぶり昆布、昆布佃煮、昆布巻、おでん昆布、飾り昆布などがあります。

また、業務用、医薬品用、工業用などの製品もあります。

天日干し

07 昆布の産地

昆布は、北海道から青森県、岩手県、宮城県の一部の沿岸に生息しますが、その大半は北海道です。

北海道の主な産地は、大別して南西部松前、江差付近で採れる細目昆布、函館以東の海岸で採れる真昆布、室蘭から襟裳《えりも》岬までの日高地方で採れる三石昆布、襟裳岬を越えた道東で採れる長昆布、羅臼を中心とした沿岸で採れる羅臼昆布、稚内を中心として採れる利尻昆布などです。

08 昆布の種類

▼道南地区

真昆布　真昆布は、函館から恵山岬を経て室蘭東部に至る海岸線、茅部郡にかけた道南地区で採取されます。

真昆布は、淡泊で澄んだだしが出ることから「だし昆布」として使われ、取扱量も大変多く珍重されています。

白口浜天然元揃　鹿浜、木直、尾札部、川汲、臼尻、大船、鹿部、砂原地区の漁場で採取されます。

表面は褐色で切り口が白いのでだし汁が濁らず、上品な味が出ることから最高級品として使われています。別名献上昆布、山だし昆布とも呼ばれています。肉厚なので塩昆布、佃煮、おぼろ昆布、とろろ昆布など加工品にも多く使われています。

白口浜養殖元揃　木直、尾札部、川汲、安浦、臼尻、大船、鹿部で採取されます。

二年生養殖昆布で、天然ものにおとらぬだしが出ます。

白口浜促成元揃　木直、尾札部、川汲、安浦、臼尻、大船、鹿部で採取されます。

一年生養殖昆布で、色つやは黄色みかかっていますが、味は淡泊でおしゃぶり昆布、ばってら昆布、酢昆布、とろろ昆布、おぼろ昆布などに使われます。

黒口浜天然元揃　椴法華、恵山、尻岸内、東戸井、西戸井、日浦地区の漁場で採取されます。表面は褐色で切り口が黒く、風味が良く、だし汁は澄んで、味もこくがあり高級昆布として好まれています。

黒口浜促成長切　椴法華、恵山、古武井、尻岸内、日浦、東戸井地区の浜で採取されます。味はやや淡泊ですが品質はおとりません。主にだし昆布として用いられています。

本場折浜天然折　西戸井、子安、石崎、宇賀、根崎、函館地区の漁場で採取されます。だし汁はやや淡泊ですが、清澄で質が良く、沖採りの一等品は折れ昆布として結納用、神前用などに用いられ、岸採りは肉質が厚く、だし昆布、酢昆布、昆布茶、かまぼこの原料などに使われています。

茅部折浜天然折　砂原、森、落部、八雲地区の漁場で採取されます。肉厚の昆布で、だし昆布として使われます。かざり昆布などにも使われています。

松前促成長切　吉岡、福島、松前、大沢地区の漁場で採取されます。主にだし昆布として用いられます。

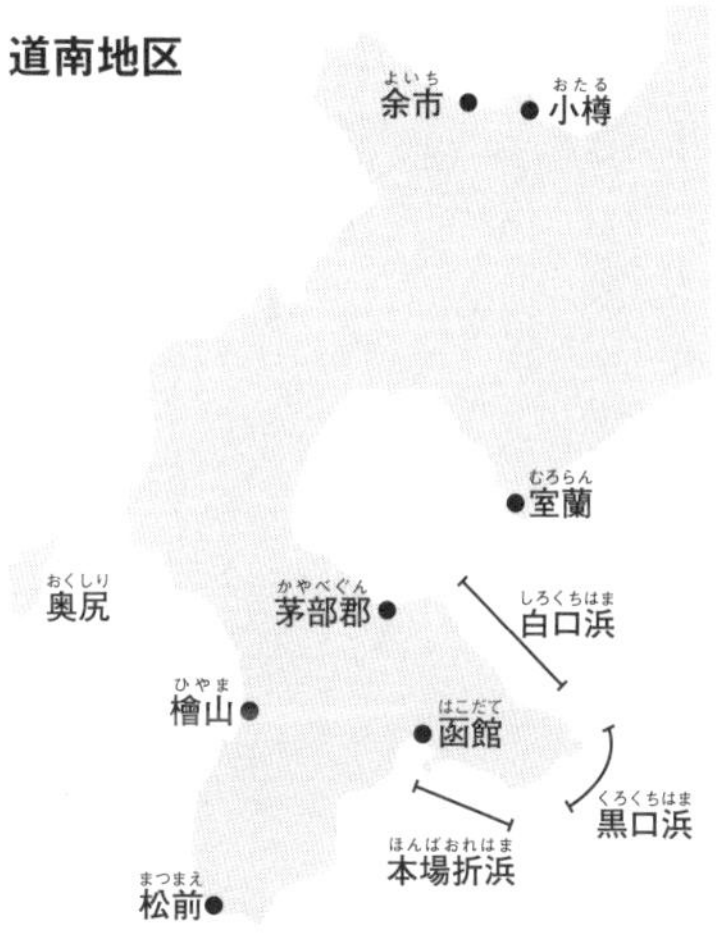

がごめ昆布　道南地区の白口浜から黒口浜、本場折浜の一帯で採取されます。表面は凹凸状で籠の網目模様に似ているところから、がごめと呼ばれるようになりました。粘りとろみが強く、フコイダンを多く含むことから最近珍重されています。養殖もあります。とろろ昆布、おぼろ昆布など加工用として使われています。

▼日高地区

日高昆布　日高地方で採れる昆布を総称して日高昆布として市場に出ています。

富浜、門別、厚賀、静内、三石、井寒台、浦賀、様似、冬島、近笛、目黒、襟裳岬の浜で採取されます。表面は濃緑に黒味を帯びています。だし昆布として多く用いられます。こくのある味で広く日高昆布の知名度があり、天然もので浜が遠浅に広がり、天日干しが多いです。煮あがりが早いので昆布巻や煮もの、惣菜などにも多く使われます。

▼道東地区

棹前昆布　歯前、根室、落石、釧路東部、昆布森、厚岸、散布、浜中の浜で採取されます。五月から六月にかけて採取され、長昆布で柔らかい性質なので「野菜昆布」とも呼ばれ、おでん、煮ものなどに用いられ、一般家庭での地方色の料理用として人気があります。新潟県、長野県など雪国で多く使われています。

長昆布　歯舞、根室、落石、釧路東部、昆布森、厚岸、散布、浜中の浜で採取されます。棹前昆布と同じ地区に生息し、表皮は灰色を帯びた黒色。根室では無砂長、釧路では特長と呼ばれ、だしには若干の甘味があり、三石昆布の仲間。主に昆布巻、佃煮、おでんなどに用いられます。

　三石系の仲間では、一〇メートルから二〇メートルに育つものもあります。日高昆布と同様に柔らかいため、昆布巻や野菜代わりにサラダや豚肉、炒めものに切り込んだりします。沖縄県などで人気があります。

厚葉昆布　棹前昆布、長昆布とほぼ同じ一帯の浜で採取されます。釧路地方で多く採れる昆

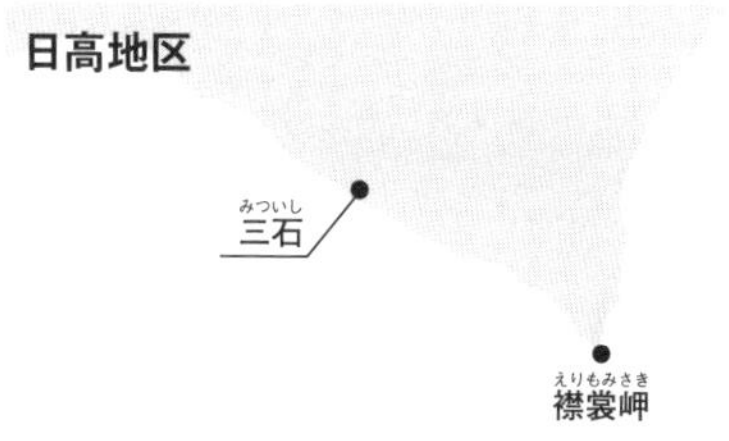

布で〝がっから〟とも呼ばれます。長昆布と同じ海域に生息するが長昆布と違って波の穏やかな場所を好みます。

表面は黒色で白粉（マンニット）を生じるものが多い。葉幅は広く肉厚でだしを取ると昆布の匂いが良いことから、だし昆布としても使われていますが、佃煮、塩吹昆布、とろろ昆布、おぼろ昆布などの加工用としても使われています。

ねこ足昆布　歯舞、根室、落石、厚岸、散布、浜中の浜で採取されます。コンブ属ではなくネコアシ属に属し、長さは二メートルから四メートルで葉の基部縁に耳型の突起ができます。根の部分が猫の足に似ていることからねこ足と呼ばれるようになりました。比較的粘りと甘味が強いのが特徴で、加工用として、またがごめ昆布と同様にフコイダンという粘性多糖類が多く含まれていることから、他に医薬品、試薬などにも用いられています。

くきなが昆布　主に根室沿岸で採取されます。濃い茶色で、葉幅が広く、肉厚で縁部が広くひだが多い。二年目の秋に採取したものを春くきなが（バラ昆布とも）と言います。

羅臼昆布［えながおに昆布］　知床半島羅臼の浜で採取されます。表皮の肌色から黒口昆布と赤口昆布に区別されます。黒口は半島突端より、赤口は半島南端寄りに比較的多い。

味が濃く、香りがとても良く名品のほまれが高い。だし汁が濁る欠点はありますが、関東地方などではだし汁として、利尻より濃いだしが取れることから需要は多い。道南昆布に匹敵するほどで肉厚、高級進物用などに用いられています。

おに昆布　根室湾内、厚岸の浜で採取されます。「長切」と「折れ」があり、主にだし昆布として使用されます。濃厚な味のため関東地方ではだし昆布として好まれます。用途はうどん、そばのだし、鍋ものの味付け、佃煮などに使われます。富山県は一大消費地です。

▼道北地区

利尻昆布　香深、船泊（礼文島）、鴛泊、鬼脇、沓形、仙法志（利尻島）、稚内、声間、宗谷、枝幸、武雄、紋別、網走、苫前の浜で採取されます。

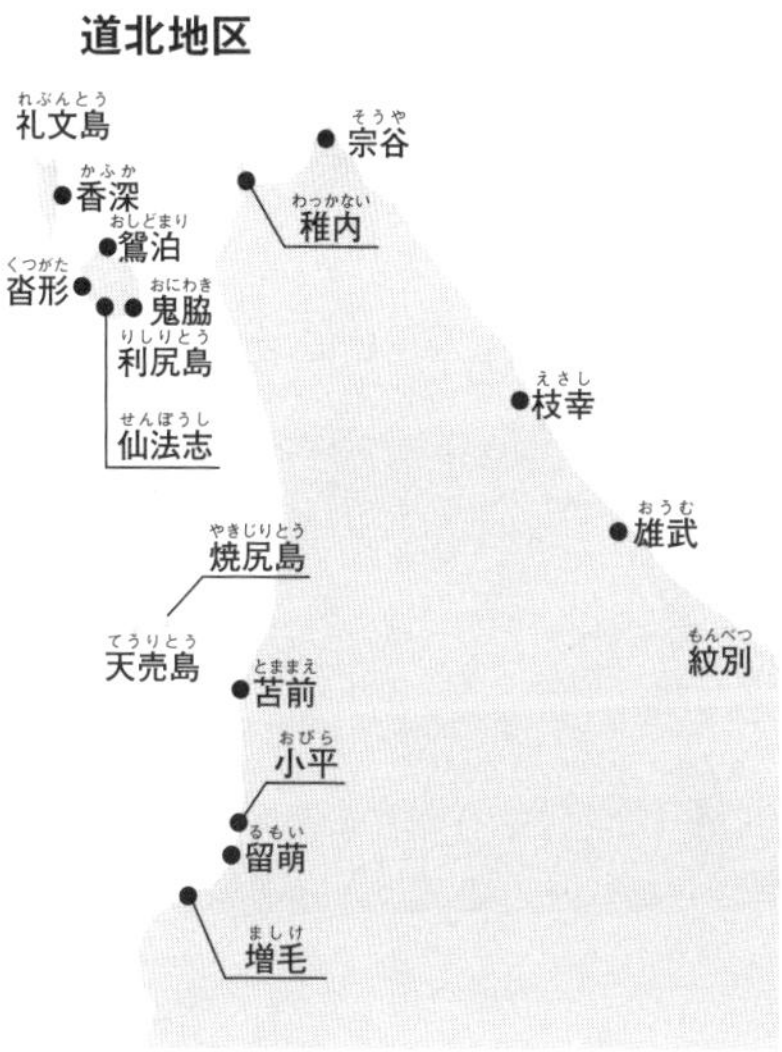

真昆布、羅臼昆布に次ぐ高級品で利尻島、礼文島などの知名度があり、表皮は黒褐色でだし汁は清澄で香り高く、特有の風味が喜ばれ、味は真昆布や羅臼昆布より薄いが、やや塩気のだしが取れます。素材や味を変えないため、懐石料理や煮物などに人気があり、京都では千枚漬け、湯豆腐など用途も広く料亭などに人気があります。

細目昆布　苫前、小平、留萌、増毛、天売島、焼尻島や道南地区の小樽、余市、

真昆布（天然）

真昆布（養殖）

真昆布（促成栽培）

がごめ昆布（天然）

がごめ昆布（養殖）

三石昆布（天然）

棹前昆布

ねこ足昆布

羅臼昆布（天然）

羅臼昆布（養殖）

利尻昆布（養殖）

昆布の種類（写真提供：株式会社レジア）

松前の浜で採取されます。ほかの昆布と異なり寿命が普通満一年目の終わり頃に流失するので、一年目の夏に刈り取られます。

表面は黒色だが切り口はすべての昆布の中で最も白い。比較的幅のある細目昆布はだし昆布として多く用いられ、きざみ昆布、納豆昆布、松前漬などにも使用されています。

ややん昆布　室蘭の浜で採取されます。真昆布に似ていますが、葉元が鋭角状となっていて磯臭い味がします。だし昆布、加工用として使用されます。

カラフト昆布　ロシアのサハリン州のアニワ湾、コルサコフ、ホルムスク、ネヴェリスク沿岸と北方領土から千島列島沿岸で採取されます。採取場所によって、利尻系、羅臼系に近いものがあり、主にだし昆布として用います。濃いだしが出ます。

ほかにくきなが昆布、えなが昆布、ちぢみ昆布、ごへい昆布、えんどう昆布、あつばすじ昆布、すじめ、あなめ、ざらあなめ、かじめなどがあります。

09　品質の見方

採取した昆布は、その日のうちに浜で干し、水分を取った後に室内でさらに水分調整をして各漁業者の倉庫に保管されます。昆布は、肉厚でよく乾燥して、香りの良いものが上質であり、色はやや緑褐色がかっていて艶のあるものが良い昆布です。また、表面に白い粉が吹いていますが、これはうま味成分であるマンニットで、グルタミン酸の一種であるので、洗い流さずに軽くぬれふきんで拭く程度にします。

各産地ごとに品質の規格基準等級など、細かく区別されています。

道南地区の場合は入札時に各組合からの格付等級として、箱に梱包する帯の色で区別し、一等は緑色の帯、二等は赤、三等は紫、四等はオレンジ、五等は黄色、等外は色なし、と基準を決めています。

日高三石昆布浜のランクは、

特上浜　井寒台
上浜Ａ　東栄、浦賀、冬島、平宇、近笛
上浜Ｂ　様似、本幌、歌別
中浜Ａ　三石、歌露
中浜Ｂ　春立、荻伏、東洋
中浜Ｃ　門別、静内
並浜Ａ　厚賀、岬、新冠、庶野
並浜Ｂ　富浜

等級は場所によって多少の違いがありますが、厚み、キズ、ワレなどにより区別され、一等から七等まであります。日高山脈から流れる遠浅の浜で採れる天然もので、養殖はありません。

10 保存方法

直射日光や湿気を避けて乾燥したところに保管すれば、味など損なうことなく二年から三年の保存に耐えられます。また一五センチくらいの長さに切って缶や瓶などに、常温または冷蔵庫で保管します。もし、多少の湿気を含んでしまったら、軽く天日干ししてから再度保存してください。昆布が乾燥しすぎて堅い場合は、二パーセントくらいの酢で水戻しすると柔らかくなります。

11 栄養と機能成分

昆布には、通常食物繊維といわれる不溶性のセルロースと水溶性のアレルギン酸が豊富に含まれています。血圧とコレステロールの低下作用が強く、これらが小腸に移ると食物繊維が食べ物と混じり、腸壁にやさしく糖質の吸収が緩慢になり、血糖値の急激な上昇とインシュリン分泌を避けることができます。糖尿病や動脈硬化などが予防できると言われています。

また、食物繊維は腸内細菌により発酵し、ビフィズス菌など有用細菌を増やし、発がん物質などを産する有害細菌の生育をおさえることができ、大腸がんの発生率を大きく下げます。このほか、フコイダンやミネラルの宝庫でもあり、甲状腺ホルモンの材料として、成長促進や新陳代謝を促す栄養素でもあるヨウ素が多く、カルシウム、マグネシウム、鉄、亜鉛などが含まれています。

最近、がごめ昆布に多く含まれているフコイダンの構造が解明され、免疫力を高めるという免疫賦活作用、抗凝結作用や抗腫瘍作用などの機能性が報告されて注目されていますが、いずれも動物実験でのレベルであり、人間にとっての有用性はまだ確かではありません。

▼グルタミン酸マンニット

昆布を長期間保存用などの袋から開封した状態で放置しておくと、昆布の表面にカビが生えたように白い粉が吹いたりします。この白い粉は昆布の中から出てきたうま味成分のマンニットといわれる成分です。

①原因について

なぜ昆布の中から栄養成分が出てきたのでしょうか。それは昆布を長期間保存している間に乾燥状態の昆布が空気中の水分を吸い取り、その水分が今度は昆布から出ていくときに、水分と一緒に昆布の栄養分も外に出ようとします。水分は昆布の表面に出てきた後、空気中に蒸発していきますが、栄養分は水のように蒸発できず、昆布の表面に残ってしまいます。これが昆布の表面に現れる白い粉、マンニットです。

②マンニットとは

戦争中の食糧不足の時代、漁師の子供たちは甘いものが不足すると、昆布のマンニットをなめましたが、昆布になめた後が残り両親に叱られたそうです。

マンニットは、キシリトールの仲間の糖アルコール類で甘味のあるものが多く、小腸から体内への吸収が悪くカロリーになりにくいのです。また口内細菌による酸への代謝がされにくいため、虫歯になりにくい甘味料という効能がうたわれているもので、さわやかな甘さがあります。

昔の人は、子供の歯を丈夫にするために、このような白い粉の吹いた甘い菓子昆布を食べさせたそうです。

③白い粉は良いものかどうか？

「蔵囲い」に代表される昆布を二〜三年寝かせると、昆布が空気中の水分を吸い取り、少しずつ切り干し大根が茶色に変化するように、アミノカルボニール反応を起こします。このことにより昆布の揮発性の磯臭さの成分が経年を経て抜けていき、香りが良くなります。「蔵囲い」の昆布は新物よりもマンニットがたくさん出て白くなります。

④出ないようにするのは？

空気を遮断して密閉した状態の中で保管してください。ちなみに普通、昆布を包む袋はほんのわずかながら空気が入るので、経年が過ぎると袋の中でも白くなります。

⑤出るようにするには？

昆布を一度霧吹きのようなもので湿らせて、三八度程度で放置してください。湿度は八〇パーセント以上がよりよく吹きますが、このようなことは家庭では難しいかもしれません。昆布を湿らせ、夏場蒸し暑いところに放置し、少しずつ乾燥させると粉が吹きます。

⑥粉が吹きやすい昆布の種類

イ．真昆布（白口浜）、ロ．羅臼、ハ．利尻、ニ．日高、の順に白くなりやすいと思います。

第三章

だしの素材［鰹節　かつおぶし］

かつお節は料亭のすまし汁から、お好み焼き、おひたしに載せてと、日本が誇るうま味の素材として、幅広く使用されています。

近年はインスタント食品が市場に出回り、袋の中や粉末に隠れて、かつお節を知らない子どもたちが多くなってしまいました。せめて本かつお節をカンナで削って料理に載せる食文化を次の世代に伝えたいものです。

01 かつお節の名称

かつお節の原料魚はかつおです。かつおは世界の暖流に生息する回遊魚です。日本には、春の黒潮に乗って太平洋岸を北上して北海道沖に達し、秋になると南下します。かつおは古くから食用にされ、『古事記』（七一二年）に神饌として「堅魚《かたうお》」と記されています。伊勢神宮や出雲大社などの屋根の棟木の上に「堅魚木」と呼ばれるかつおに似た形の飾り木が置かれています。

奈良時代の『大宝律令』や平安時代の『延喜式』にも「堅魚」の記載があり、かつおの加工品が、当時税の賦課役品とした、などと記載されています。

それまでは干すのは天日乾燥でしたが、室町時代になると木炭を使った加熱方法が行われ、「煮堅魚」を火であぶって乾燥させる焙乾法による「かつお節」となり、保存性が高まりました。

02 かつお節の歴史

生のかつおを太陽の方向に並べて干し、干してはしまい干してはしまいを繰り返すうちに、青みが消えて、水分が抜けることで硬くしまり、合わせてたたくとカーンと澄んだ金属音がするようになります。生のかつおがここまでに至るには約半年からの時間を要し膨大な手間がかかります。

かつおを下して煮沸し、焙乾したものを「荒節」といいますが、その後、何度もカビ付けと熟成を繰り返すのが「本枯節」の製法です。その起源は、江戸時代初期に紀州（和歌山県）の漁師から伝えられたとする伝承が土佐、薩摩、房総、さらに伊豆半島にも残っています。

本枯節の製法は、延宝二年（一六七四）、紀伊国印南浦のかつお漁師・角屋甚太郎が、土佐国（高知県）清水浦に移って、伝統的な紀州の焙乾による製法をその地に伝えたことに始まります。甚太郎一統はその後、製法の改良を重ねて二代目の頃に製法として確立し、土佐節として名を上げることとなりました。かつおを焙乾しただけでは酸化しやすく有害菌が繁殖して長期保存が出来ないので、優良なカビ菌をつけて脂肪分を分解し酸化を防ぐことではじめて長期保存が出来るようになったのです。

この製法は、土佐一国外に不出とされましたが甚太郎の故郷である紀州と薩摩に伝わりました。

江戸時代後期、紀伊国印南浦のかつお節職人・土佐与市が、安房国、伊豆国に改良された土佐節の製法を伝えました。これを取り入れた伊豆では、さらに改良を加えた「伊豆節」が生まれ、明治以降に広く普及する「焼津節」などの系脈に受け継がれていきます。

明治以降、庶民の一部でも、家庭料理でだしを取るようになったので、家庭でも削り器が登場し、かつお節の需要はぐんと伸びました。明治以降長い間、かつお節は一般家庭で普通に用いられてきたのです。（参考・株式会社にんべん　ホームページ「かつお節の歴史」）

しかし、一九六九（昭和四四）年、パック入りの削り節が続々と発売されました。食の洋風化とインスタント化、化学調味料などの出現によって、かつお節もかつお削り器も、徐々に姿を消すようになったのです。かつお節を削るのは子どもの仕事といった時代を思い出される年配の方も少なくないのではないでしょうか。

かつお節の武士と勝とを「鰹武士」「勝つ男」になぞらえることで、縁起物として赤ちゃんの誕生祝い、七五三や入学祝い、病気の快気祝いなどに用いる習慣は、現在でも残っています。

また、本節の背中のほうを「雄節」、お腹のほうを「雌節」と呼びますが、この雄節と雌節を合わせるとぴたりと合うことから仲睦まじい夫婦《めおと》を願う「夫婦節」は、現代の結婚式でも引き出物として用いられることがあります。

さらに、本節の腹側が亀の甲羅に似ていることから、長寿のお祝いの引き出物に使われた時代もありました。これらの引き出物については現代の日本では省略されることも多くなってきたように思われますし、用いたとしても、パックの削り節で代用されているようです。

ちなみに、現在市販されているパックものは機械で削った荒節を使っていますが、最近は機械の性能が改良されて良くなり堅い本枯節でも効率よく削れるようになって、その結果、本枯節の需要もわずかであるが伸びているようです。

03 かつお節の生産地

かつお節の主要な生産地は鹿児島県で、枕崎、山川地方で生産量の大部分を占めています。さば節は熊本県がトップです。

ほかの節もありますが、すべての削り節を合わせて合計した生産ランキングは、一位が鹿児島県、二位が静岡県、三位

かつお節の県別生産量

全国生産量　32,265トン			
鹿児島県 70.9%	静岡県 25.6%	高知県 1.1%	その他 2.4%

さば節の県別生産量

全国生産量　12,389トン					
熊本県 37.7%	静岡県 27.5%	鹿児島県 20.5%	和歌山県 10.8%	千葉県 1.3%	その他 2.2%

（参考資料）2012年農林水産省大臣官房統計部調べ

が熊本県です。

04 かつお節の製造工程

①かつおの漁法

以前は一本釣りで漁獲していましたが、今は巻網によるものが増えてきています。赤道直下の遠洋から小笠原諸島、八丈島などから大型の漁船で漁獲します。

②輸送

漁獲されたかつおは、近海ものは氷水で、遠洋ものは超低温急速冷凍（マイナス三〇～五〇度）して持ち帰ります。

③生切り

かつおの頭を切り、内臓を取り除いて水洗いした後、三枚に下ろします。三キロ以下のかつおは二枚の亀節が、それ以上の大型かつおからは本節（背節二本、腹節二本）が四本取れます。

④籠立て

四つ割のカツオを煮籠に並べます。

⑤煮熟

通常は八〇～八五度、また極めて鮮度が良いときは七五～八〇度に調整された煮釜に、煮籠を一〇枚ほど重ねて入れます。その後、九七度から九八度に温度を上げて、亀節で四五～六〇分、本節で六〇～九〇分煮熟します。

⑥骨抜き

煮熟が終わったら籠を取り出し、風通しの良いところで冷やして肉を引き締めます。これをなまり節と呼びます。その後、水を満たした水槽に入れ、水中で節を取り上げて骨抜きをします。背皮を頭部から全体の二分の一から三分の一ほど剥ぎ取り、皮下脂肪をこすり取ります。

⑦水抜き・焙乾

骨抜きした節はせいろに並べて、火の上で焙乾して水分を抜きます。焙乾は八五～九〇度で一時間ほど行います。まだこの時点では水分が多いので、保存性は低い状態です。

②輸送

③生切り

④籠立て

⑤煮熟

⑧修繕

一番火の翌日、骨抜きなどで損傷した部分を修繕します。修繕には煮熟肉と生肉を二対一の割合でよく摺りつぶして混ぜ、裏ごしにかけた「そくひ」を使います。なお、修繕した肉は三枚に下したときの中骨についた肉を使います。

⑨間歇焙乾

修繕が済んだ肉はせいろにもう一度並べて焙乾します。これを二番火と言います。亀節では八番火くらいまで、本節では一〇～一五番火まで焙乾します。一気に焙乾すると、表面が乾くだけで、中の水分が取れにくいので、何度も繰り返します。回数を重ねるたびに焙乾温度を低く、焙乾時間は長くします。

⑥骨抜き

⑦水抜き・焙乾

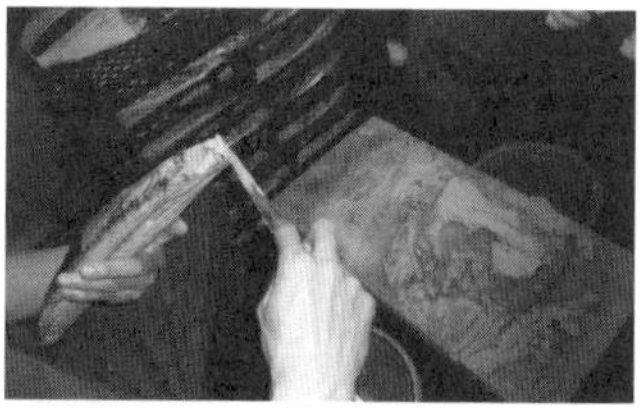

⑧修繕

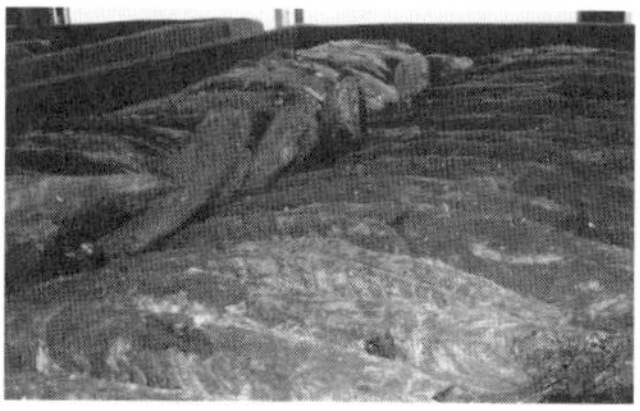

⑨間歇焙乾

⑩削り

⑪カビ付け

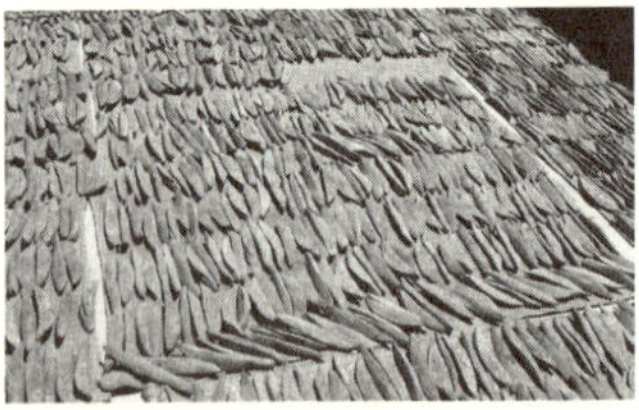

⑫日乾

この作業で水分は二八パーセントくらいまで低下します。焙乾後の節は表面がタールに覆われているのでザラザラしています。これは荒節、鬼節と呼ばれています。焙乾は水分を取ること以外に、菌の増殖や酸化を防止し、香気を付けるなどを目的に行われます。

⑩削り

荒節（鬼節）を半日くらい日乾し、二〜三日放置しておくと、表面が湿気を帯びてやわらかくなります。それを形を整え、カビが付きやすいように、表面のタール分やにじみ出た脂肪分を削り落とします。削り上げた節は赤褐色なので、これを裸節または赤むきと言います。

⑪カビ付け

裸節を二〜三日干し、安全性が確認されている純粋培養した優良かつお節のカビを植菌し、温度と湿度が管理された室で貯蔵します。六日くらいでカビが付きます。これを一番カビと言います。

さらに室から取り出して日乾し、ブラシで一番カビを払い落し、放冷した後、再び室に入れます。

⑫日乾

同様の日乾作業を繰り返し、普通四番カビから六番カビまで行って終了します。これを本枯節と呼びます。カビ付けの目的は、節の乾燥度の指標になる、皮下脂肪が減少し香気が発生する、だし汁が透明になる、水分が減少する、などのために行います。

以上の製造工程には、およそ一二〇日要します。五キロの生かつおは本枯節になると八〇〇～九〇〇グラムになります。

⑬本節、亀節の製品

生切り作業から製品の形になるまでに四か月以上もかかります。重量比で約六分の一になります。厳しい検査の後、包装、箱詰めされて製品として出荷されます。また、花かつおなどの製品は、加工工場に原料として納めます。表面が淡い茶褐色で、叩き合わせると「カーン」という澄んだ余韻の音がするものが、良質とされます。まさに味の芸術品で、手間、ひまかけて作られる手づくりの逸品です。

※焙乾方法は地方、企業によって違います。薩摩焙乾、手火山焙乾などの方法がとられています。また、製造方法や作業過程も違います。

手火山焙乾

05 生かつおからかつお節へ

▼重量歩留まり

生かつお　一〇〇パーセント
利用部分　七五パーセント
なまり節　五〇パーセント
荒節　二二パーセント
本枯節　一五パーセント

生かつお　重さ約四・五キロ、水分約七〇パーセントを加工すると、かつお荒節で、重さ九七〇グラム、水分二四パーセントとなる。本枯節は、重さ六五〇グラム、水分一五パーセントとなる。

▼各種節類の特徴と用途について

かつお本枯節　いぶし臭、生臭みが弱く、カビ付け節特有の上品な香りがあります。だしとしても上品で、うま味、こく味が強く、味はしっかりしています。薄削りの削り花のこしは弱く、ざらつきが少ない。和風料理全般、お吸い物、味噌汁、煮物のだし、トッピングなどに用いられます。

かつお荒節　いぶし臭がやや強く、生臭みが少し感じられます。だしとしては、うま味、こく味はしっかりしているが、やや生臭みがあります。薄削りの削り花は、しっかりしていて歯ごたえがあります。味噌汁、煮物、だし、お好み焼きのトッピングなどに用いられます。

宗田かつお節　いぶし臭が強く、味はやや渋味がありますが、こく味は強い。だしは黄色味が強く、くせがあるため、単品ではあまり使用されません。そばつゆ、煮物のだしに使用されます。

さば節　さば特有の生臭みと脂の酸化臭があります。特有のこくと甘味がある、やや黄色味の強いだしです。味噌汁、うどん、煮物だしに用いられます。

いわし節　いわし特有の生臭みと脂の酸化臭があります。やや苦味と渋味があり、少し濁りが見られるだしです。味噌汁、うどん、煮物だしに使われます。

06 品質の見方

①かつお節の品質

かつお節になるかつおは、獲れた場所、時期、種類などさまざまなものがあり、同じ加工をしても品質は一定ではないので、品質の違いは大変難しく、各企業が細かくグレード分けして管理しています。

そもそも「だし」は主役ではなく、料理の中で「料理として出来上がったときにおいしいかどうか」、つまり名脇役に徹しているかどうかです。

かつお節の品質は、もともとかつおに含まれる脂肪分が少なく、カビ付けした本枯節にしたときの乾燥が十分であるか、また、良質な原魚を使っての焙乾の時間や、職人の経験と勘の判断が重要なポイントになります。出来上がったものを長い時間かけて乾燥、熟成させていく過程で大変な手間と時間がかかるため、そのぶん付加価値が高まります。

和食では、こくが出やすい反面、雑味や臭味が出やすい宗田節やさば節などは、お吸い物などには使わずにさっぱりしただしが取れる本枯節を使います。また、薄削りで短時間にうま味を引き出せるように、血合いの部分を取り除いた「血合い抜き削り」なども使用されます。それぞれ使用目的によって素材の持ち味を邪魔しないように使い分けて料理をすることです。

②手間がおいしさを作り出す

かつお節は、製造過程で見たとおり、かつおを選ぶことから始まり、一〇以上の工程を経て四か月から半年以上も手間をかけて完成します。「解凍」の後、「焙乾」「削り」「カビ付け」など、作業は八回から一五回も行われますから、おいしく作られるのです。

③脂肪含有量がうまさを左右する

節にするかつおは脂が乗りすぎても、少なすぎても良くありません。多いと「脂節」ができやすく濁っただしになり、少ないと粘りに欠け、脂肪含有量は一～二パーセントの節になります。四月から七月に獲れたかつおでできた節を「春節」と言います。

④香味の成分

かつお節の香ばしい香りは、たくさんの成分が絡み合ってできたものです。わかっている成分でも約五〇種類以上もあるといわれています。さらにかつお節の香りは、実際より味を濃くおいしくする働きもあります。

⑤焙乾の効用

かつおを煮熟後、繰り返し行う「焙乾」で「一番火」「二番火」の頃は雑菌の集落の発生を防ぎ、同時に独特の香りを生成します。次に燻煙中のフェノール類物資が節の酸化防止に役立ちます。魚肉は酸化が早く油焼けをおこしやすいのです。「焙乾」されないと節は変質し、おいしいかつお節にはなりません。

⑥カビの働き

カビ付け工程は、ペニシリウム属の青カビに代わって優良種のユーロチウム属のカビが生えてきますが、節の中の水分を抜く働きがあり、カビの菌糸が脂肪分解酵素を分泌して中性脂肪を分解し、だしの透明度を高めます。

⑦加工方法と加工度で変わる

カビ付けした枯節と燻製状にした段階で加工を止める荒節の場合は、その味わいはかなり違います。枯節はカビの作用によって乾燥と熟成ですっきりしたまろやかな味わいになります。一方、荒節は燻蒸した時の燻臭の香りが強く、乾燥度も低いので、削りやすく魚っぽい味とこくがあります。

製造後、保管状況や経年によって熟成が進み、半年から一年以上になると最初の頃よりも味や香りが増すものもあります。かつお節はまさに「生き物」です。特に業務に用いる和食店等は、加工メーカーや卸販売店とよく相談して仕入れをすることが必要です。

だしを取る目的により、かつお節を「厚削り、薄削り、粉砕、パック」にすることによって、それぞれだしの取り方、味の出来上がりの違いがあるので、最も適した加工を選ぶことが必要です。

厚削りは、そばやうどんのだし用の削り節として最も多く使用されています。そばやうどんだしの場合、関東地方のそば屋さんはかえしつゆを作って「だしの濃さ」を調整するために、一ミリ厚削りで三〇～四〇分じっくりと煮だす方法を用いています。また、和風ラーメンのスープ用としても用途が広がっています。

薄削りは、短い時間で香り豊かなだし取りをするので、煮だし時間は数分でよく、上品であっさり用に仕立てます。このほか粉砕パック、トッピングに糸削り、血合い抜きなどの加工品があります。

07 保存方法

目的と用途によって保管方法は変わりますが、最も注意することは「高温多湿」を避けることです。特に湿気のこもりやすい店舗の厨房内などは、保管場所としては悪い環境にあります。業務用で箱単位で枯節を補完する場合は、節に付けた優良カビが皮膜となって保存性を高めるので、直射日光や高温多湿を避けた「冷暗所」であれば常温保管でも問題ありません。

ただし、温度や湿度の上がってくる梅雨時から夏場は、かつお節特有の小さな虫が発生することがありますが、この虫は有害なものではないので、もし発生したらよく晴れた日に日なたで干せば虫は逃げていきます。熱がこもらないように、陰干しにして箱に詰めて保管します。

枯節を冷蔵庫に保管した場合は、カビ菌の成長が止まって乾燥熟成は進まなくなり、品質の劣化を防ぐことができます。ただし、結露や、保湿性の高い野菜類などの食材と一緒にすると、青カビなどの有害なカビの発生を招くことになりますので、ラップしてから保管します。

本枯節の場合は、使用しないで湿度管理をしておけば二～三年でも保存できますが、注意しなければならないのが一般のカビです。温度が二五～三〇度、湿度が八〇パーセントを越えるとカビが急激に繁殖します。害虫も湿気を好み、削り節は削ってから三〇分ぐらいから酸化が進みます。市販の花かつおは、ガス置換えして販売していますが、開封したら袋に入れて密閉し、冷蔵庫で保管します。

開封すると、味、風味、酸化と急激に進むので、なるべく早く使いきるようにしましょう。開封しなくても製造月日から六か月くらいで使用するのが良いでしょう。

08 栄養と機能性成分

かつお節のうま味成分はイノシン酸です。

また、かつお節の成分は七〇パーセント以上がタンパク質であり、ビタミンB群やビタミンD、カリウム、カルシウム、マグネシウム、リン、鉄、銅などのミネラルも豊富に含まれています。そのタンパク質は多いだけでなく、質の良さも大切で、人が体内でつくることができません。九種類の必須アミノ酸を含み、カルシウムの吸収などを促すリジンが多く、リジンの少ないご飯にかつお節を混ぜればバランスが良いと人気があります。

削り節を煮出しただしには、水溶性のビタミンB群やミネラルが溶け出していますが、量が少ないので、多くは期待できません。

かつおは他の魚に比べてうま味のイノシン酸が豊富ですが、かつお節は焙乾とカビの作用でイノシン酸はさらに増加します。削り節を煮だしただしにも豊富に溶け出します。

削り節のうま味成分を多く摂ると、イノシン酸のうま味で減塩効果が期待できます。

タンパク質の少ない食事では、塩味に対して感受性が低下すると言われます。肉や魚料理にかつおだしのきいた汁物を添えれば、薄味でもおいしく感じられるのはそのためです。

ビタミンDは脂溶性なので、だしがらの中に残っていて、カルシウムの吸収を助ける働きがあります。そのため、だしがらをふりかけにして青菜や豆腐に添えれば、カルシウムの吸収効果を高めます。

09 節の種類

▼かつお節

かつお節は、製造方法によって大きく荒節と枯節に分かれます。

かつお節には、「節」という字がついていますが、なぜか関節のような節がどこにもありません。

おそらくかつおを干す「カツオホシ」から、かつお節になったのか、あるいは煙でいぶして作るので「カツオイブシ」がかつお節になったのか。

地方によってはまた、呼び名がいろいろあって「トブシ」「カツブシ」「オカカ」などとも呼ばれています。

本節はかつおを三枚に下した後、各身をそれぞれに切り分けたもので、一尾のかつおから三~四本の節を取ります。このとき、背側でできた節を雄節、腹側でできた節を雌節と呼びます。

▼かつお本枯節

かつおを煮沸した後、焙乾したものが荒節で、表面のタールを削り落としたものにしてからカビ付けをします。乾燥と熟成を繰り返しながら、カビ菌を二回以上付けたものを本枯節として扱います。かつお節の中に含まれている水分がカビの作用によって蒸発し、うま味が凝縮していきます。

本枯節にすることによって乾燥と熟成が進み、非常に水分が少ない、堅い節になります。こうすることで臭みやエグ味が少なく、上品なうま味のある本枯節に仕上げることができます。

製造から最低半年から一年かかります。二年ものなども市場に出ています。大量に本枯節を使って濃厚なだしを取ったとき

かつお本枯節

かつお荒本節

でも、そばの香りを邪魔せずに雑味も出ず、上品なうま味だけを抽出することができます。また少量でだしを取ったときには、やや軽い味わいになります。

くわしくは前述の「かつお節の製造工程」を参照にしてください。

▼かつお荒本節

製造段階によって節の呼び名が異なります。かつおを煮て燻製にして乾燥したものを荒節と言います。荒節は、独特な香りが強く残るので、深い味わいと適度な酸味が楽しめます。別名鬼節とも呼ばれています。荒節の表面を削ったものが裸節で、これにカビを付けたものが枯節です。一般的にはこの荒本節を削ったものが花かつおとして市販されています。

▼かつお本亀節

かつおを三枚に下して背と腹に分け、腹側でできたかつお節が、平べったい形状で亀の甲羅に似ていることから「亀節」と呼ばれています。関東ではカビを付けた枯節が中心ですが、関西ではさば裸節が中心になっています。

▼かつお亀節

小型の約二・五キログラムの真がつおを三枚に下した状態で加工します。

だしに用いる節は料理に合わせることが基本です。枯節か荒

かつお本亀節

節か、本節か亀節か、血合いありか血合いなしか、料理の素材を引き出すために使い分けます。

▼厚削り節

厚削りは厚さ〇・七ミリ前後で、主にそば用のだしなどに使われます。

中厚削りは厚さ〇・五ミリ前後、厚削りよりも短時間でだしが取れます。

▼まぐろ節

大型のものはキハダ、小型のものはキメジと呼ばれるまぐろを原料とします。一・五～三キログラムのものが節に加工され、関東ではめじ節、関西ではしび節などとも呼ばれています。特に枯節の生産は少ないです。

削ったときの断面が白く美しいため、トッピング用の花かつおや糸がきなどにも使われます。だしにすると味が淡泊で色も薄いので、上品な椀に仕立てるのに適しています。

▼そうだ枯節

魚は、マルソウダカツオ（目近）とヒラソウダカツオ。そうだ節といえば目近を指します。目近節は熊本県や鹿児島県など西日本各地で生産されますが、産地で有名なのは土佐清水で大型の目近が冬に来遊し、特に一月から三月頃に獲れるものは寒目近と呼ばれ、サイズ、質ともに最上とされています。関東ではカビ付けした寒目近が好まれています。うどんやそばのだしとして使われています。

▼そうだ裸割り節

新子と呼ばれる小型の目近を加工した節で、笹目近節といって笹の葉に似ていることから名前がついています。

原魚を割って節にする割り節で、土佐清水では割り目節が主体です。そうだ節で取っただしは、味が濃厚で色が付くのが特徴です。そばやうどんのつゆなどの濃いだしを取るには最適です。

▼そうだ裸丸節

原魚を割らずに丸のまま節にしたもので、丸目近を生産の中心にしているところもあります。そうだ割り節よりあっさりしています。

関東のそば屋はそうだ節を主体に使いますが、単品では使いません。さば節と混合したり、かつお節を加えたりして、おいしいだしを追及しています。

▼さば枯節（ごまさば割）

主にゴマサバを原料魚にしたものです。ヒラサバは脂肪が多く鮮魚や切り身に使われますが、脂肪の少ない時期に節に加工されます。

節加工には九州近海で獲れたものを主に使います。脂の乗った東北ものは節には向きません。

この節はほとんどが削り節に使われ、混合削りでそうだ節と同じでじっくりと時間をかけてうま味を引き出します。さば節で取っただしは、脂肪分に起因するこくや甘味の強いものとなり、特に温かいそば、うどんのだしによく使われています。

▼さば枯節（ごまさば丸）

さば枯節は、内臓付きの裸丸節で、割り節にするか、丸節にするかは産地によって異なります。枕崎では四〇〇グラム以上のさばを割り節に、それ以下を丸節に加工しています。関東ではカビを付けた節が好まれますが、枯節でだしを取ったにもかかわらず、味が濃く醤油や味噌とよく合います。

▼さば裸節（ごまさば割）

混合削り節には、必ずといっていいほどさば節が使用されます。その筆頭がさば節とそうだ節の混合です。

▼さば裸節（ごまさば丸）

混合削り節では、さば節、そうだ節、かつお節、むろあじ節、うるめ節、いわし節などの組み合わせがあります。地区によって、使用目的によって違います。

▼むろあじ割り枯節

むろあじを原料魚として作られる節で、外見やだし感はさば節に似ていますが、黄色みを帯びた独特の甘みのある、こくのあるだしが取れます。生産地は熊本県、鹿児島県が知られていますが、むろあじ節をよく利用するのは中部地方で、特にうどん店でよく使用されています。

▼むろあじ丸節

むろあじを原料魚としてを丸節にしたもので、関東地方ではあまり使用されません。

むろあじ節で取っただしは、やや黄色みがかっていて、味はさば節よりもまろやかでさっぱりしています。また魚臭さも少ないと言えます。

▼さんま節

さんまを原料魚とした節で、さんまの味を残した、やや淡泊なだしが取れます。主にラーメンのだしに使われています。うるめと同様に枯節タイプはなく、荒節で流通しています。

▼かたくちいわし節

かたくちいわし節はすべて有頭で仕上げられます。いわし節の中で最も多く出回っていますが、量的には少なく、普通は煮干しにされます。かたくちいわしで取っただしは黄色みを帯びており、苦味や独特の臭いがあります。

▼うるめ節

うるめいわしを原料魚にした節です。主に煮干しに加工され

むろあじ割り枯節

さんま節

ます。煮干しに近い味わいながら、節として燻したときの香ばしさが特徴です。有頭で仕上げたり、頭だけ除去して、内臓はそのままにして節にします。枯節（カビ付け節）はなく、荒節が流通しています。この節は比較的くせがなく甘味があります。

▼まいわし節

まいわしを有頭で節にします。まいわしのだしは、かたくちいわしやうるめいわしよりも淡泊な味がします。

▼さけ節

北海道産のさけを節にしたもので、さけ独特の淡泊な味わいと香りがあります。

うるめ節

▼厚削り

濃厚なだしに仕上げるために、各節を厚削りにしてだしを取ります。特にそば店やうどん店をはじめ、業務用のエキスの抽出など、削り節として広く使用されています。中でも代表的なものは、「本かつお厚削り」「そうだ厚削り」「さば厚削り」「むろあじ厚削り」「うるめ削り」などで、削り方によって、だし用に工夫されています。

▼混合削り節

複数の節をブレンドしたもので、主に本かつお節、そうだ節、さば節の三種混合があります。

花かつお　荒かつお節を削ったものが一般的で、スーパーなどで販売されています。荒節は薫臭があり香りが強いので、お好み焼きなどに使われます。また、表面積が広いので酸化しやすく、ガス置換などの密閉袋に入れて販売しています。本節を直角に細かく削った花削りタイプなどもあります。

血合い抜き花かつお　かつお節にある「血合い」の部分を取り除いた原料を削ったもので、濃い赤い部分がないため、雑味がなく上品な味があります。高級品としてパック詰めされ、ギフトなどに多く使われています。

糸がき　糸状に薄く、細く削った花かつおです。形状が美しいので、料理の上に見た目の演出として使われています。

10 かつお節の削り方

かつお節は、削り方によって味や香りが違ってきます。削る厚さによって「薄削り」「厚削り」に分かれます。

①「薄削り」は、〇・二ミリ以下の厚さで削ったもので、だし取りやトッピングなどに使います。

②「厚削り」は、〇・二ミリ以上の厚さで削ったもので、濃いだしを取りたいときに使います。

③「砕片」は、かつお節の繊維に対して水平に削ったもので、力強い味わいとなります。

④「マイルド削り」は、繊維を断ち切るように垂直に削ったもので、口あたりがよくマイルドな感触が味わいとなります。

⑤「かつお粉」は、かつお節を破砕して粉にしたもので、おひたしなどのトッピングによく使われます。

⑥その他、二種類以上の削り節を混合削りとしてだしなどに使います。

それぞれに特徴ある味わいやだしが取れるので、料理や食材によるトッピングなど、合わせて使い分けるとよいでしょう。

第四章

だしの素材［煮干し　にぼし］

01 煮干しの歴史

煮干し（煮干し魚類）は、魚介類を煮沸して乾燥したものの総称です。一般的にはいわし煮干しをさし、最も多いのはかたくちいわしです。かたくちいわしは、下あごが上あごより小さいことから「かたくち（片口）いわし」と呼ばれますが、まいわしより形が小さく、脂肪分も少なくて肉質がしまっていることから、加工用にもっとも多く使われます。

▼来歴

いわしは、奈良・平安時代から干し魚として使われたともいわれますが、その後、戦国時代から江戸時代にかけては、田畑の高級肥料としてたくさんの干鰯（ほしか）が作られ普及しました。

煮干しの歴史はそれほど古いわけではありません。一九九五（明治二八）年に、千葉県で二トンが生産された記録が残っている程度で、それ以前は、同じかたくちいわしの稚魚を用いた田作り（ごまめ）が作られた資料はあるものの、その起源については不明です。おそらく明治二六年頃から二八年頃にかけて煮干しの加工が始まったと思われます。

明治三〇年頃になると、煮釜などが改良されたこともあり、各地で煮干しの加工が始められ商品化の道が開かれました。一方、同じ原料を用いた田作りの生産量は、明治三四年を境にわずか一〇分の一程度まで低下したようです。

煮釜の導入から鮮度が向上し、田作りならば加工中にイノシン酸などが消失してしまうのに対し、煮干しはうま味を保つ食材として注目され、かつお節とは違うだしのおいしさも次第に認知されるようになりました。値段の点でも、かつお節のような高嶺の花ではなく、庶民的で安価に手に入ることから需要が伸びました。

その後、煮干しの生産量は増加をたどり、一九四二（昭和一七）年には全国で九万二千トンとピークを記録し、原料換算で約三六万トン、同年の魚類総水揚げの一四パーセントを占める水産加工品として、煮干しは大きな位置を占めるようになりました。

しかし、日本が第二次世界大戦に突入すると、戦時下の統制により原料魚の調達が困難となり、その生産量は二万トンくらいまで落ち込んでしまいますが、戦後、一九五〇（昭和二五）年には、再び増加し、急回復を見ることになりました。

その後、食生活の洋風化や化学調味料、風味調味料などの台頭で、煮干しの生産需要は減少、生産量は五～六万トンのレベルで安定していました。

最近では化学調味料が避けられ、うま味調味料が使われるようになる中で、乾物の見直しや健康志向、本物志向もあって、若干ながら伸びはじめています。

平成一二年に新ＪＡＳ規格が制定され、「煮干し魚類」という呼び名が使われることになりました。この煮干し魚類という表示の適正化を図るため、新たに品質表示基準も制定され、「消費者の選択に資すること」が示されています。

また、近年は食べる煮干しとして、真水で炊いて塩分を取り除いた商品が好評です。

02　JASの定義

煮干し魚類とは、まいわし、かたくちいわし、うるめいわし、いかなご、あじ等を煮沸して、タンパク質を凝固させて乾燥したもので、含有水分一八パーセント以下のものである。

03　煮干しの生産地

▼瀬戸内海

瀬戸内海は煮干しの生産が大変多く、中でも有名なのが香川県伊吹漁業組合の「伊吹島いりこ」です。伊吹島全体で煮干しの生産が盛んです。漁場と加工工場が非常に近く、漁獲から加工まで一貫して生産されます。獲れたいわしは海水氷で満たした高速運搬船で、直ちに海岸線の加工工場に運ばれます。

愛媛県伊予市なども有名です。

▼産地別漁法

瀬戸内海／機船船曳網漁法《きせんせんびきあみ》　バッチ網ともいわれ、基幹漁業の一つとして発達してきました。母船と曳舟二艘（四～一〇トン）の三艘で操業します。稚魚（しらす）もこの漁法が用いられます。

長崎／棒受網《ぼうじゅあみ》（すくい漁） 棒受網は、魚群を発見すると船のスピードを落とし、集魚灯を点灯して網の中に魚群を誘導します。網を適度に引き上げてから魚をフッシュポンプやタモ網などで船内に取り込む魚法です。

長崎、山口、千葉／巻網 巻網は、網を巻く網船を中心に魚群を探す魚探鮮魚群を集めて浮上させる灯船、漁獲物を市場まで運ぶ運搬船が船団を組んで操業します。

富山、鳥取、千葉、九十九里／定置網 定置網は、一定の場所に相当の期間漁具を敷設して、一般に来遊してきた魚群が垣網を伝わって網に入ってきたのを獲る漁法です。

機船船曳網漁法

04 煮干しの地方名称

煮干しは、かつお節と並んで日本人の食文化をつくりあげてきた重要な食品です。東日本での呼び名は「にぼし」が一般的ですが、全国での呼び名は二〇以上もあり、地域ごとに伝統的な名称があります。

宮城地方「たつこ」、富山地方「へしこ」、京阪滋賀地方「だしじゃこ」、和歌山地方「いんなご」、中国地方「いりこ」、熊本地方「だしこ」などです。

05 煮干しのサイズ

大きさによって呼び名も細かく分かれます。

	大羽	中羽	小羽
まいわし	二〇センチ以上	一五～一八センチ	八～一二センチ
かたくちいわし	一三～一五センチ	八～一〇センチ	五～八センチ

いわしは、世界中には三三〇種もの仲間がいます。実際に煮干しとして使われるものは、かたくちいわしやまいわしが一般的です。

06 煮干しの種類

①かたくち煮干し

かたくちいわしを原料魚とした煮干しは、最も一般的なもので生産量も最多です。大別して東日本で主に使われている背黒と呼ばれるかたくちいわしと、西日本の瀬戸内海湾内系の背中が白い白口煮干しに分けられます。

香川県伊吹島周辺で漁獲された「伊吹いりこ」は、通常、瀬戸内海のかたくちいわしの白口のものが上級とされ、その中でも鱗のついた俗称「銀つき」と呼ばれるものが、最上級品として料亭などで使われています。

もともとは背黒も白口も同じ魚種だと考えられますが、湾内に長くとどまると白く、外海に生息すると背中が黒いいわしになると言われています。黒潮に乗って北上する千葉県九十九里の浜では背黒が一般的ですが、時季によっては白口も漁獲されます。また、小型の「かえり」などに背中の黒いかたくちいわしはいないので、この考え方は正しいかと思われます。

煮沸の仕方や乾燥などにより、魚全体が青白いものやクリーム色

①かたくち煮干し（背黒）

①かたくち煮干し（白口）

のものなどにも仕上がります。だしの特徴は、白口はまろやかでソフトなのに対して、背黒は硬めでパンチがあります。

また、大型のものは脂が乗りやすいので強めのだしが、小型のものはあっさりとした上品さのだしが取れます。

②ひらご煮干し

まいわしの幼魚を加工した煮干しで、ややあっさりした味わいの煮干しです。現在は、まいわしが数十年周期とも言われる不漁期であるため、生産量は激減しています。

③うるめ煮干し

うるめいわしを原料魚とした煮干しで、背中が黒く、北陸、新潟、東北地方などで人気があります。長い間煮立てても苦味が出にくいので、鍋ものには重宝されます。かたくちいわしよりも脂肪が約三分の一で、あっさりしていてクセのないだしになります。魚体が硬いため、いわし削り節に加工されて、うるめ削り節として流通しているものもあります。

④あじ煮干し

あじは一二月から二月の冬に日本海側で漁獲されます。一方、夏

②ひらご煮干し

③うるめ煮干し

④あじ煮干し

あじと呼ばれる魚体の柔らかいものが湾内で漁獲されます。

小あじを加工した煮干しで、だしは出方が早く、甘味のあるあっさりとしたものが取れます。近年は和風ラーメン店などで使われるようになってきました。

⑤あご煮干し

とびうおを原料魚とした煮干しで、「焼きあご」として加工したものが多く出ています。とびうおの独特な甘みのある上品なだしが取れることから、九州地方などでは、そうめんの麺つゆとして多く使われています。また業務用としてラーメン店などでも人気があります。長崎県の平戸周辺などの漁期は一〇月頃の三週間程度で不安定であるため、近年はタイや中国などからも輸入されています。

⑥さんま煮干し

さんまを加工した煮干しで、どちらかというと削り節に加工される「さんま節」が一般的ですが、脂が乗りやすく、味自体は淡泊です。

⑦きびなご煮干し

きびなごを原料魚にして加工した煮干しで、沖縄県ではよく使わ

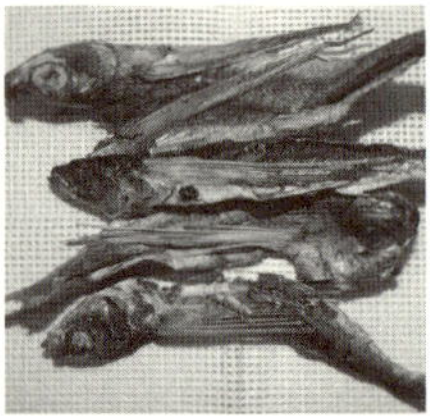

⑤あご煮干し

⑥さんま煮干し

⑧かます煮干し

れています。小型のきびなごは「佃煮」の需要が高い魚です。独特の臭みがあるうえ、味も淡泊すぎるため、だし用としてはあまり人気がなく、主にペット用などに使用されています。

⑧かます煮干し

干物で有名な高級魚かますを原料とした煮干しで、あっさりとした淡泊な味が特徴です。消費地は九州地方で、主に麺つゆのだしなどに使用されています。

⑨えそ煮干し

貧欲な魚でいわしなどと一緒に魚網に混入し、選別されます。主にかまぼこの原料に使われています。煮干しは、白身魚であっさり系のだしが取れるため、人気があります。

⑩えび煮干し

「ガラエビ」という呼び名で広島県近辺などで獲れます。熊本県で生産される「焼きエビ」というだし用の煮干しがあります。

⑪サッパ

ニシン目科の魚で、このしろ（出世魚で小さいときはこはだ）に似ています。かたくちいわしなどと一緒に瀬戸湾内で獲れます。だしは、あっさり味ですが、市場にはあまり流通していません。

⑫たい煮干し

白身魚で、上品で淡泊なだしが取れます。ラーメン店や和食店で使われ、味は少々甘味があります。縁起をかつぎ、正月のおせちのだしとして人気があります。

⑬むき海老

海老をボイルしてから乾燥し、殻を剥いたもので、主にラーメンのだしや中華スープ、中華料理などに使います。しっかりとした海老のだしが取れます。

⑭干し貝柱

ほたての貝柱を乾燥したもので、主にラーメンのスープやたれの隠し味に使います。

⑮あさり節煮干し

あさりのむき身を煮沸し、焙乾加工した「あさり節」です。節加工することであさりのうま味が凝縮し、苦味の少ない上質なだしを取ることができます。

⑯かき煮干し

かきを加工した珍しい食材です。かきならではの風味と豊かなうま味のあるだしが取れます。ラーメンのスープやたれの隠し味に使います。

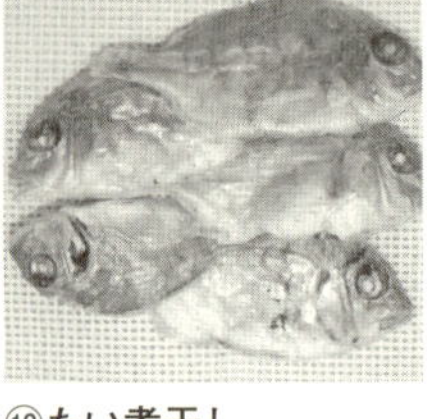

⑫たい煮干し

⑬むき海老

⑭干し貝柱

⑰まぐろ（シビ、メジ）

本かつおよりもさらにあっさりとした風味で、だしの色も薄いことから、和食向けのだしとしてよく使用されています。ラーメンのスープ用としても使われています。

⑱するめ

いかは乾燥すると身が硬く締まり、歯ごたえが生まれます。するめのうま味が強いのは、いかの主成分であるタンパク質が酵素の働きで分解されてアミノ酸に変化し、さらにそれが濃縮されるからです。

⑲焼き干し

煮干しは煮沸して乾燥しますが、「焼く」ことで魚独特の臭みをおさえ、高級なだしが取れる魚があります。煮干しよりも多少手間がかかりますが、青森県の下北半島などで取れるまいわしの大型のものを焼き干しとして加工されています。

⑳焼きあご

長崎県平戸地方などでは、とびうおを炭火などで焼きあげて、だしを取り、そうめんの麺つゆとしています。漁獲量が少なかったり不安定であったりするため、タイなどからも輸入されていますが、国産が良いだしが取れます。

⑯かき煮干し

⑳焼きあご

㉑太刀魚
新鮮ないわしと一緒に獲れる太刀魚。サクッとくる歯ざわり、広がる香ばしさ、魚嫌いの子どもから酒の肴に、また骨の硬さが気になる人も食べられます。頭から丸ごとは、だし取りに使います。

07 煮干しの製造方法

煮干しはその名のとおり煮て干したものですが、製造方法はすべてが同じではありません。一般的なかたくちいわしなどの製造は、次のようになります。
①早朝にバッチ網などの曳舟船でいわしを漁獲します。
②漁獲されたいわしを船から水揚げして、氷詰めにして車で工場まで搬送します。
③大きさにより原料魚を選別します。
④選別された原料魚をセイロにのせ、ぬめりを取るために十分に水で洗浄します。
⑤洗浄が済んだら、セイロを積み重ねて煮釜に移動します。
⑥煮熟は八〇〜一〇〇度で約三〜五分間行います。濃度塩水三パーセントぐらいで煮熟します。
⑦煮熟が終わったら、原料魚を乾燥します。乾燥は乾燥機を使う方法と天日乾燥する方法が

あります。現在は温風または冷風乾燥機が多く使われています。酸化を防ぐためにも乾燥機で仕上げるほうが適しています。機械乾燥では、ちりめん、かえりは四〇度で三～五時間。中羽、大羽は四〇度で五～一二時間乾燥します。

⑧混ざった異物などを主に目視などで再検査して箱詰めにします。

⑨箱詰めにされた煮干しは、冷蔵庫などに保管しながら各産地の漁連で入札されたり、築地の市場や乾物問屋によって消費者の手元に届けられます。

①いわしの漁獲

⑤煮釜に移動

⑥煮熟

08 煮干しの酸化防止

煮干しは、基本的には煮て干しただけのものであり、かつお節よりもカビの発生や痛むスピードが速いので、より注意が必要です。また、煮干しは乾燥中にも酸化が始まり、水分の減少とともに急激に進みます。酸化の原因となる脂を減らすため、高温で長時間煮るなどの方法がとられています。かつお節はカビが酸化を防ぎますが、煮干しはそうした防止策がないので、「ＢＨＡ」という酸化防止剤が使用されることになりました。これによって煮干しの酸化は大幅に防ぐことができるようになったのですが、昭和五七年に発がん性が指摘され、使用が禁止されましたが、現在は解除されています。

そこでＢＨＡに代わる酸化防止剤がいろいろと研究され、抽出ビタミンＥ（トコフェロール）が有効とされていますが、ＢＨＡほどの効果をあげるには至っていません。

09 品質の見方

かたくち煮干しの場合は、まず色、艶《つや》、形状、香り、だしの強弱など多くの品質の見方がありますが、一番重要なのは色です。

銀青白色は上位に、赤茶色は下位にランクされます。色に影響を与えるのは、原料中の脂肪の量で、この脂肪が酸化するとすっぱい臭いが出てきます。また、酸化するときにできた酸化生成物と原料中のアミノ酸などが結びつくと、色が変わってしまいます。これを油焼けと呼んでいます。

これらは、煮干しのＪＡＳ規格により決められます。

煮干しは背側が盛り上がり、「く」の字に曲がっているものが良質とされています。鮮度が良いと煮沸したときに魚が収縮するからです。

腹が割れたり、頭が取れたり、肌の鱗の照りが悪く、黄色みを帯びているものは鮮度が悪く、酸化が進んでいます。

千葉県九十九里地方で巻網漁法で獲るかたくちいわしは、脂が多いと風味が強すぎて生臭くなります。腹が白くなっているのは脂ですから、脂のないもので鮮度の良いうちに、熱湯にて煮沸してさらに脂を落とし、うま味を閉じ込めます。

天日干しは、機械乾燥が三日間でできるのに対して一〇日間もかかりますが、太陽の紫外線がいわしに残るわずかな脂肪を酸化させると煮干し特有の風味を醸し出すので、天日干しは欠かせない方法です。

10 保存方法

開封後は家庭では冷暗所で真空パックをするか、密閉容器、またはチャック式の袋に乾燥剤などを入れて冷蔵庫で保存してください。市販商品はなるべく一〜二か月くらいで使いきる小袋タイプを使いましょう。

11 栄養と機能性成分

いわし類の煮干しも、うま味成分はかつお節と同じイノシン酸です。うま味成分は食塩に対する感受性を高め、減塩効果が期待できます。

また、低タンパク食では食塩に対する感受性が低下します。煮干しだしをきかせて味噌汁を作れば、味噌を控えてもおいしく、減塩効果があります。煮干しは六九パーセントがタンパク質で、プロテンスコア八〇前後と、牛肉や豚肉と比べてもそんしょくのない良質なタンパク源です。

煮干しはタンパク質のほかにも以下のような栄養素を含んでいます。

▼カルシウム

煮干しは一〇〇グラム中二〇〇〇ミリグラムと、牛乳の一〇〇グラムと比較してもはるかに多くのカルシウムを含んでいます。またカルシウムが体内に吸収されるためには活性型ビタミンDが必要ですが、これを豊富に含んでいます。吸収率は牛乳の五〇パーセントに対して煮干しは三〇パーセントと及びませんが、脂肪の摂取量が過剰気味で、さまざまな成人病が問題となっている現代の日本人にとって、カルシウム源としては、煮干しのほうが適しているといえます。

▼鉄

女性によく起こりがちな貧血の原因が鉄分の不足です。煮干しは圧倒的に鉄分の含有量が高く、吸収率でもほうれんそうなど植物性食品が五〜七パーセントであるのに対して、煮干しは一〇パーセントです。

▼タウリン

煮干しには一〇〇グラム中五〇〇ミリグラム前後と、豊富にタウリンが含まれています。タウリンはアミノ酸の一種で、肝臓の強化や肝機能の改善、疲労回復の働きがあると言われています。またタウリンは悪玉コレステロールを減らし、善玉コレステロールを増やす作用があると言われています。

▼ミネラル

煮干しには、ビタミンB群とミネラルが豊富に含まれます。特にカリウム、カルシウム、マグネシウムはかつお節よりも多く、ビタミンB群もミネラルもだしに溶け出します。そのほかリン、硫黄、亜鉛、銅、セレン、マンガン、クロム、ヨウ素など、人間が必要とするミネラル成分がバランスよく含まれています。

煮干しは、水に浸す時間も煮出す時間もかつお節よりも長いので、だしに含まれる用途が多く、貴重なミネラルが保たれるだし殻も食べられるので、丸ごと栄養が摂れます。

12 かたくち煮干しについて

原料魚の獲れた場所や加工により、魚体の色、硬さ、だしの出方などが違います。また、季節によって相場が大きく変動します。

青手　太平洋や日本海沿岸で獲れたもの。日本海側は青手がほとんどです。背中が青黒く、身が硬くしっかりしています。

白手　瀬戸内海、長崎橘湾などの内瀬、浅瀬で獲れたもので全体的に白く、身が柔らかい。

魚体の色目の違い　いわしは弱い魚なので、内海、浅瀬では海の中が明るく、外敵から身を守るために保護色になり、白くなると考えられています。逆に海が深いと青くなると考えられています。いわしは地場の魚と日本近海を回遊している魚とに分かれ、ほとんどが回遊魚ですが、地場ものは白く、回遊魚は青くなるとも考えられています。

魚の硬さ　内海と外海では海流の速さが違うため、運動量の差によって身の締まり方も違い

青手　すっきりした上品なだしが出る

白手　まろやかで甘味がある

ます。

脂　内海の魚は、プランクトンの量によって脂の乗りが変わり、温度によっても変わると考えられます。瀬戸内海では、六月頃産卵後に獲れるものに良質のものが多いようです。

外海の場合は、一二月から二月頃に獲れるものを寒の魚といって脂が多くなります。

▼青手と白手のだし味の比較

水一リットルに煮干しを二五グラム入れて、水から強火で沸かした五分後のだしの比較。

青手	白手
白手に比べてあっさりしている	だしがよく出ている
そのままでは固くて食べづらい	そのまま食べてもおいしい
頭がしっかりしている	頭が取れやすい
青くて見栄えが良い	色目が白黄色である
脂質は少ない	脂質はやや多め

煮干しのJAS規格

区分	上級	標準
形態	一、肉のしまりが優良で、かつ皮がはげなく腹割れしたものが一〇パーセント以下であること。 二、頭落ちがほとんど無いこと。 三、体長がほぼそろっていること。	一、肉しまりが良好で、かつ皮はげがなく腹落ちしたものが三〇パーセント以下である。 二、頭落ちが少ないこと。
色沢	固有の優良な色沢を有し、油焼けによる黄変がほとんどないこと。	固有の良好な色沢を有し、油焼けによる黄変が少ないこと。
香味	固有の優良な香味を有し、油焼けの臭いがないこと。	固有の良好な香味を有し、油臭がほとんどないこと。
粗脂肪分	五パーセント以下であること。	八パーセント以下であること。
水分	一八パーセント以下であること。	同じく左
食品添加物	酸化防止剤（ミックストコフェロールに限る）以外のものは使用していないこと。	同じく左
異物	混入していないこと。	同じく左
内容量	表示重量に適合していること。	同じく左

第五章

だしの素材［干し椎茸　ほししいたけ］

01 椎茸の歴史

椎茸は、日本でいつ頃から食べられていたかは、はっきりしませんが、弘法大師（七七四〜八三五）が中国から伝えたと言われています。

干し椎茸が初めて文献に載るのは、永平寺の開祖、道元が著した『典坐教訓』です。逸話がいくつか記載されています。また、『日本書紀』に「たけ」という言葉が使われていることから、西暦二〇〇年頃から食べられていたと見られています。「椎茸」という字が最初に記された『親元日記《ちかもとにっき》』（一四六五〜一四八六年）には、伊豆の円成寺から足利義政将軍に椎茸を献上したとあります。

また、椎茸の人工栽培は江戸時代中期に豊後（大分県）や伊豆地方（静岡県）で、最初に行われたとされています。当時の栽培方法は原木に鉈《なた》で傷をつけて、空気中に飛んでくる雌雄の胞子を自然に接種させる一種の風媒方法でした。その後、明治二九（一八九六）年に田中長嶺により、椎茸菌の培養、植え付けが初めて行われました。

昭和一七（一九四二）年、森喜作氏により純培養種菌駒法が発明されて改良が進み、現在は原木にドリルで穴をあけて、円筒形の小さな種駒（種菌）を植え付ける原木栽培法（ホダ木法）が主流です。

また、近年は菌床栽培ができるようになり、国産の生椎茸の約七〇パーセント以上が市場に出ています。中国からの干し椎茸も菌床栽培の製品が輸入されていましたが、今は原木ものも輸入されています。

02 椎茸の栽培

椎茸の栽培には、原木栽培と菌床栽培があります。

▼原木栽培

①使用する原木

最適な木種はコナラ、ミズナラ、クヌギですが、シイ、カシ、クリなども使用できます。原木の太さは五～二〇センチくらいのものが使えますが、一〇センチ前後のものが扱いやすいです。代表的なものではコナラが最も多く使われています。クヌギと比較すると樹皮は薄く心材も多いですが、椎茸は良いものが発生します。

ミズナラはコナラに準ずる原木で、コナラよりも樹皮がやや薄く、材質がやや軟らかい特徴があり、椎茸菌糸の伸長は早いです。クヌギの皮は別名コルクヌギと称され、本質部は硬いので菌糸の伸長はコナラに比べて遅れますが、心材部は少ない養分に富み、発生する椎茸の質は非常に優れていて、九州や四国地方で人気があります。その他、クリ、シイ、カシ類はコナラなどと比較するとやや落ちます。

②原木の伐採と玉切り

クヌギ、ナラ類の伐採適期は秋の紅葉の頃（一〇月末から翌春二月）で、樹木が水上げを開始する前に行います。伐採した原木はできるだけ早く、クヌギ、ナラは伐採後四〇～六〇日で木口に小ひびが入る頃、その他は伐採後一〇～三〇日頃が適期ですが、この時期であればあまりこだわる必要はないでしょう。

玉切りは九〇センチから一メートルが一般的です。

③植え菌

植え菌は、できるだけ原木が乾かないうちに行うことが必要です。玉切り原木を一か月以上保管する場合は、直射日光や強風による乾燥を防ぐため、シートで包み、こもで覆って保管し、一一月頃から五月上旬までの間に行います。

植え菌の間隔は、縦方向二〇センチ、横方向約四～五センチの千鳥植えとします。目安は原木の長さが一メートルの場合は、太さの約三倍（一〇センチの場合は三二個）になります。

種駒は九・二ミリ前後のキリを使い、穴は二五～三〇ミリの深さに開けます。

電気専用ドリルの直径は八・五ミリ、九・五ミリなど、種菌

生産者により異なるので、確認して樹皮面と平らになるように、確実に打ちこみます。

＊種駒菌については左記企業に問い合わせてください。

森産業株式会社　　群馬県沼田市

秋山種菌研究所　　山梨県甲府市

農協やホームセンターなどでも種駒は販売しています。菌の品種、数量、駒打ちの時期など説明書をよく読んで確認してください。

④ホダ場の選定

干し椎茸は、ホダ場の環境によって大きな差が出てくるので、林内栽培ではホダ場の選定は重要です。基本的なホダ場は、直射日光が当たらない、冷え過ぎない、冬季や早春に木漏れ日が当たるところです。椎茸の発生時に風の流れが強いと、生椎茸の水分を奪い、変形するので、風の強いところは垣根や寒冷紗などを使って乾燥を防ぎます。

⑤仮伏せ

接種後は、種駒からの発菌と初期まん延を促すために仮伏せを行います。高さ三〇～四〇センチの横積みか、数十本をまとめて縦積みし、周囲をワラやムシロなどで覆い、五～六日おきに数回原木の表面がぬれる程度の散水をします。仮伏せ中は内部の温度が二五度を越えないように注意します。

⑥本伏せ

四月から五月になったら原木を林内や人工ホダ場に移動して、間伐や枝打ちなどを行い、密林の通風をよくして、光の角度を調整します。また、秋までに二回ほど天地返しを行うなどして、菌糸まん延の均一化を図ります。いずれも雨が十分に当たるようにします。

●伏せ込み方法

よろい伏せ　最も多く用いられている一般的な方法で、湿度が低く通風の良い広葉樹林、松林などが適し、傾斜地に向きます。

井桁積み　湿度が高く通風の良い平地林、スギ林などに適し、高さは一・五メートル以下で、乾燥に注意しながら管理します。また単位面積当たりの収容本数も多く、天地返しも容易であり、管理が行き届くのが利点です。

合掌伏せ　湿度の高い、平坦地での伏せ込みに適します。上下を入れ替えたりします。

その他、鳥居伏せ、簡易人工ホダ場などがあります。

⑦ホダ起こし・発生

接種二年目の秋になり、最低気温が一四度くらいまで低下する頃、ホダ木を発生に適した場所に移動します。椎茸が発生する場所は、南または東南面の明るく暖かいところが適し、散水できる場所が良いでしょう。古いホダ木は散水の回数を増やしたり天地返しをしたりして、刺激を与えて管理します。

⑧乾燥

収穫した椎茸は、ほとんどが多段式の棚の引き出しに並べて、熱風で一二～二〇時間乾燥させます。四〇～五五度で一五～二〇時間かけて熱風乾燥した後、遠赤外線乾燥機で仕上げます。干し椎茸は時間とともに、栄養成分、うま味成分が低下しますが、再度機械乾燥後、天日に一～二時間くらい干すことによって、ビタミンDなどが大きく増長します。

⑨**選別**

椎茸市場から入札により仕入れた椎茸は、それぞれ形状が違うので、自動選別機などではなく、人の手で竹で編んだ竹ざるなどでふるいを使って用途別にこまかく選別します。そして、検品、金探、計量などをして製品となります。

▼菌床栽培

菌床栽培は、一九九〇年頃に開発された製法です。

原木栽培に対して、建造物内、ビニールハウスなどで栽培する方法で、日本では「椎茸品質表示基準」第二条において、おがくずにふすま類、水、栄養剤等を混合してブロックまたは円筒状に固めた培地に種菌を植え付ける栽培方法と定義されています。菌の種類や栽培方法など特許が多く申請されているので注意してください。施設内で培養するので五～六か月くらいで収穫ができ、温度や湿度管理をするため一年中収穫できるので、原木と比べて労働力や運搬、期間の短さなどから急激に広まっています。原木に比べて香り、うま味、食感、戻し率、品質などは劣ります。

03 干し椎茸の生産地

干し椎茸は、沖縄県と山形県を除き、全国で生産されています。平成二二（二〇一〇）年の生産量の順位は次の通りです。

大分県、宮崎県、熊本県、愛媛県、岩手県、栃木県、静岡県の順ですが、最近、放射能問題などがあって多少変わっています。

明治時代は静岡県が生産量トップで、大分県、宮崎県と続き、昭和二七（一九五二）年に大分県が一位となり、現在二番目の宮崎県の二倍を生産しています。

都道府県別の生産量は、二〇一一年の農林水産省特用林産受給動態調査によると合計三六三〇トンで、その内訳は大分県四二パーセント、宮崎県一七パーセント、熊本県八パーセント、愛媛県七パーセント、岩手県六パーセント、その他二〇パーセントです。

04 干し椎茸の種類

①冬茹《どんこ》

丸形、肉厚で笠が開かずに縁が内側に巻き込んでいる、いわゆる「つぼみ」の椎茸（干し椎茸品質表示基準では、笠が七分開きにならないうちに採取したものと定義）。肉が厚いので時間をかけて戻します。和食料理や中華料理などの高級品として使われます。

②花冬菇または天白《てんぱく》冬菇

真冬の厳冬期にじっくりと時間をかけて育てます。普通、芽が出てから一週間で大きくなりますが、この天白冬菇は、温度が五～八度で湿度が三五パーセント以下の状態で、三○日間かけてゆっくりと肉厚に育て上げます。笠の表面に白い亀裂が入り、花が咲いたように見えることから名づけられました。主に贈答用、和食料理や中華料理などに用いられています。

③香菇《こうこ》

「冬菇」と「香信」の中間の椎茸で、「肉厚香信」とも言います。若いホダ木からしか収穫できない上質の椎茸で、肉も厚く風味も良く、椎茸ステーキ、焼き肉用、中華料理などに適しています。

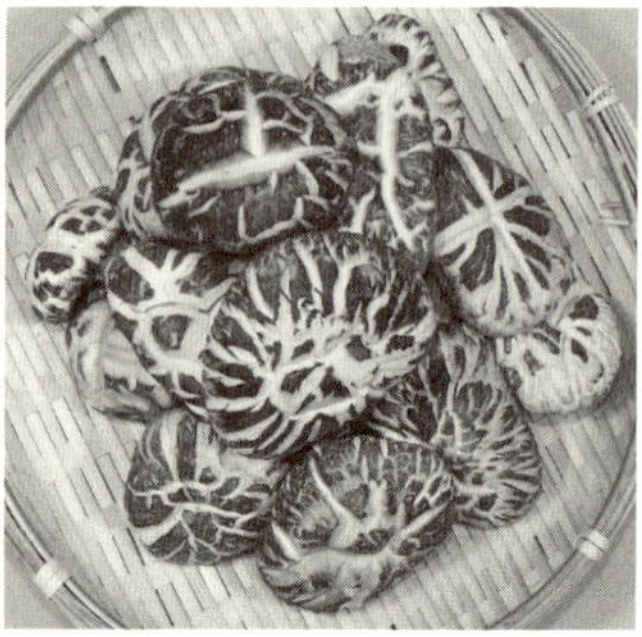

天白冬菇

④香信《こうしん》

平らで肉質が薄く、笠が大きく開いているもの（干し椎茸品質表示基準では、笠が七分開きになってから採取した椎茸を使用したものと定義）。身が薄いので、戻し時間が短くて済み、刻んで煮ものや汁ものの具、炒めものなどに最適です。

⑤ばれ葉

ばれ葉は、天候などによって収穫がずれたり、採り遅れたりしたもので、笠が開きすぎて大きくなったり欠けたりしたものです。風味は多少落ちますが、早く水戻しができ、家庭用としては経済的です。

⑥スライス

生椎茸で収穫し、薄くスライスして乾燥したもので、「ばれ葉」や「香信」などを用います。足切りしてあるので水戻しが早く、炒めもの、寿司、汁ものなど、いろいろな料理に使えて便利です。

⑦その他

生産者が選別しないで出荷する椎茸を「山成《やまなり》」と言います。椎茸加工業者やメーカーはこの山成を買い入れ、選別して商品化します。

この他、形状、光沢などにより、業界用語として茶花どんこ、信貫、シッポク、小間斤、茶選、小茶選、セロなどがあります。

ばれ葉

香信

以前は日本農林規格がありましたが、現在は自主規格です。

●収穫期による呼び名

①春子《はるこ》

二月末から四月中旬頃に収穫したもので、重厚な味と香りがあります。冬菇、香信、ばれ葉など、よく採れて年間の収穫量の約七〇～八〇パーセントを占めます。

②秋子《あきこ》

九月末から一二月中旬頃に収穫したもので、薄葉で華やかな香りがあります。高温期のために成長が早く、中葉以上のばれ葉系が中心で冬菇はまだ採れません。

③その他

発生の時期から寒子、藤子、梅雨子、夏子、不時子などと呼ばれていますが、肉厚系が好まれることから、春子が大半を占めています。

05 品質の見方

干し椎茸の種類は、形状によって、「冬菇《どんこ》」と「香信《こうしん》」に大別されます。その他、形や肉厚などの違いで選別しています。

干し椎茸を選ぶときは、次の三つを見てください。

①乾燥がしっかりしていること。
②笠の表面は茶褐色でシワが少なく艶がある。
③笠の裏は明るい淡黄色で虫食いがなく、足が太くしっかりしている。

06 保存方法

干し椎茸の賞味期間は一年ですが、保存方法によっては二年くらいもちます。開封後は湿気と直射日光を避け、密閉できる容器に入れるか、ポリ袋に入れて冷暗所で保存します。乾燥剤なども使用すれば虫の発生も防げます。使用頻度によりますが、冷蔵庫に入れる場合は小分けして保存します。

07 栄養と機能性成分

干し椎茸には、ビタミンDの基となるエルゴステロールという成分が豊富に含まれています。エルゴステロールは紫外線を受けると椎茸の中でビタミンDに変わり、体内に入ると腸からのカルシウムの吸収を促します。

機械乾燥ではビタミンDは期待できませんが、天日干しすることでビタミンDはなんと一〇〇倍にも増えます。椎茸に含まれる独特の成分エリタデニンは、脂質の代謝を促し、血中コレステロールを低下させる作用があり、ナトリウムの排出を促し、また血圧を正常化するカリウムも豊富に含まれ、腎機能障害をやわらげるなど多くの機能性成分である食物繊維やレンチナン（β－グルカン多糖類）を含み、がんなどの悪性腫瘍の発育を阻止する作用が証明されています。

▼**機能性成分**

椎茸は干すことによってうま味成分である「グアニル酸」が生の椎茸に比べ一〇倍も多くなります。その細胞には「リボ核酸」と、それを分解してうま味にする「酵素」がはたらくからです。また、うま味成分のグアニル酸は、昆布のグルタミン酸と合わせると相乗効果がはたらき、うま味がさらに増します。

08 干し椎茸の戻し方

干し椎茸には、特有のうま味成分であるグアニル酸とレンチオニンという香り成分はどちらも、干し椎茸の酵素の働きによって生まれます。調理する前日から冷蔵庫内にて五度くらいの冷水で五～一〇時間前後かけてゆっくり戻します。

特にうま味成分は戻りきるまでの時間が長いほうがたくさん出ます。そのため、温湯や電子レンジなどで早く戻す方法がありますが、急激に加熱すると酵素の働きが失われ、香りもうま味、食感も違ってきます。時間がかぎられる場合は、干し椎茸を四つ切りか八つ切りにして三〇分から一時間くらいで戻します。

また、スライスタイプのものも売られていますが、早く戻る分、丸ごとのものに比べてうま味は少なめです。

第六章 素材とだしの取り方

01 昆布だし

昆布だしには、真昆布、羅臼昆布、利尻昆布など多種ありますが、それぞれにだしの特徴があるので、目的や用途によって選ぶのがよいでしょう。中でも真昆布や白口浜の天然ものはだし昆布として、特に良質です。産地の漁連の検査等級物を選び、肉厚のものが良質です。

昆布は水に浸けるだけでだしが出ます。表面に白い粉が出ていますが、これはマンニットというグルタミンの甘味成分で、水に浸けるとすぐに溶けます。

うま味成分は溶けるのに数時間かかるので、使用する数時間前に水に浸しておきます。干し椎茸などと一緒に前日から冷蔵庫で水だししておくのも良いでしょう。また、水の代わりに酢や醤油などに浸しておくと酸味や塩味がまろやかになり、水で割って酢の物やおひたしなどの調味料として使えます。

▼水だし

①昆布の表面に吹き出したマンニットを洗わないで、乾いたふきんなどで軽く拭いて砂などの不純物を取り除きます。
②だしが出やすいように、昆布に一～二か所くらい切れ目を入れます。切れ目は昆布が割れないように縦に入れます。
③約五センチ角の材料昆布二～三枚を、五〇〇ミリリットルの水に入れます。あまり昆布の

量が多いと昆布のぬめりと海藻の匂いが出るので入れすぎないようにします。
④夏は冷蔵庫で四～五時間、または前日から入れます。少量の塩をひとつまみ入れておくと傷みにくくなります。

▼**湯だし**

①昆布は、水だしと同量を目安にごく弱火で三〇分くらいかけて煮だし、最後に火を強めます。八〇度くらいになると大きな気泡が出てきて昆布が浮き上がってくるので、昆布を取り出します。
②水だしに比べると多少は色が着きますが、うま味も濃くなります。
③だしを取った後の昆布は、まだ十分に使えますので二番だしを取ります。
④だしを取った後の昆布は、味噌漬けやピクルスのつけ汁などに使えます。
⑤出しがら昆布は、うま味は残っていませんが食物繊維などがあるので、醤油とみりんなどで味付けし、かつお節の粉を振り、昆布の佃煮などに加工できます。
⑥昆布を戻すと約三倍量に増えます。「戻し率」は昆布によって多少の違いがありますが、戻しすぎないように注意が必要です。

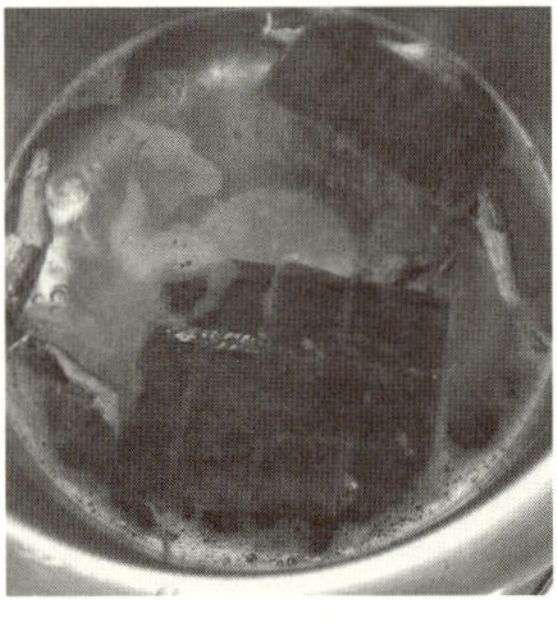

⑦昆布は海で生育しているので、天日干しした時点では塩分を含んでいます。一人分約一五グラムを使った場合は、塩分が一グラムなので、その分だけ調味料を控えます。

02 かつおだし

▼一番だし

香り高く澄んだ色の上品なだしで、お吸いもの、すまし汁、椀などに最適です。

①鍋に水を入れて火にかけて沸騰させます。
②沸騰したら火を止めてかつお節を入れます。
③かつお節が鍋の底に沈むまで一〜二分おきます。
④ふきんなどをザルに敷き、静かに濾します。

▼二番だし

煮ものやうどん、そばなどに使う濃厚なだしです。

⑤一番だしを取った後のかつお節を鍋に入れて水を加えます。沸騰したら弱火にして、約一〇分くらい煮だします。
⑥火を止めたら香り付けのためにかつお節を一〇グラム入れて一〜二分おきます。
⑦ふきんなどをザルに敷き、静かに濾します。かつお節を搾るとえぐみが出るので注意して

ください。

03 煮干しだし

煮干しだしを取るときは、次のことを知っておくとよいでしょう。

一、新鮮な煮干しを選ぶこと。酸化が進んだ煮干しは魚臭く、だしが濁るので注意してください。

二、煮干しのイノシン酸はグルタミン酸などの成分と相乗効果があるので、昆布との併用でさらにうま味が増します。

三、味噌はアミノ酸が多いので、味噌汁は昆布がなくてもおいしくなります。味噌には抗酸化作用を持つ成分が含まれるので、煮干しと相性がよいのです。

①煮干し三〜四尾を五〇〇ミリリットルの水の中に入れます。

②強火で煮立て、脂肪やアクが出たらすくい取ります。弱火にして煮立て、五〜一〇分くらい煮だしたら取り出します。

③煮干しの苦味が気になる人は、頭と腹を取り除いてから使うと澄んだだしが取れますが、そのままでも充分おいしいだしを取ることができます。

④調理の前の晩から鍋に煮干しを浸しておけば、朝にはおいしいだしができています。
⑤ミキサーなどで煮干しを粉々にしても、カルシウムの豊富な煮干しの栄養素が保たれ、おいしいだしが取れます。
⑥煮干しは塩分を四パーセント前後含んでいるので、調味料は味をみながら加減します。

04 精進だし

かつお節や煮干しを使わないでだしを取ります。材料に昆布、椎茸は使いますが、他に干瓢、大豆、小豆などを使います。
①材料は水一リットルに対して、昆布一〇グラム、干し椎茸七グラム、干瓢一〇グラム、大豆一五グラム、小豆一〇グラムです。
②昆布は二〜三時間ほど水に浸します。椎茸（足つき）、干瓢、小豆、大豆はよく洗います。
③鍋の一番下に昆布を入れ、その上に

鍋に入れて火にかける

精進だしの材料

大豆、干瓢、椎茸を入れます。

④火にかけて沸騰寸前まで強火にして、アクを取り除き、弱火にして二〇分煮ます。

⑤豆が上がってきたら出来上がりです。

05 かつお節と昆布の合わせだし

かつお節のうま味成分はイノシン酸という有機酸系の物質です。これとアミノ酸系の昆布のうま味成分グルタミン酸を合わせると、うま味は増強します。

水一リットルに、昆布五グラム（水に対して〇・五パーセント）、かつお節二五～三〇グラム（水に対して二・五～三・〇パーセント）を用います。

二番だしまで取ることができます。

▼一番だし

①昆布は拭いて切れ目を入れ、水の中に二〇～三〇分おきます。

②火にかけて、沸騰寸前に昆布が浮き上がったら取り出します。

③かつお節を入れるときに沸騰していると臭みが出るので、大さじ一杯くらいさし水をして、九〇度くらいのところでかつお節を入れます。

④かつお節が静かに煮立つ火加減にし、一分ほど煮だします。長すぎるとアクが出ます。

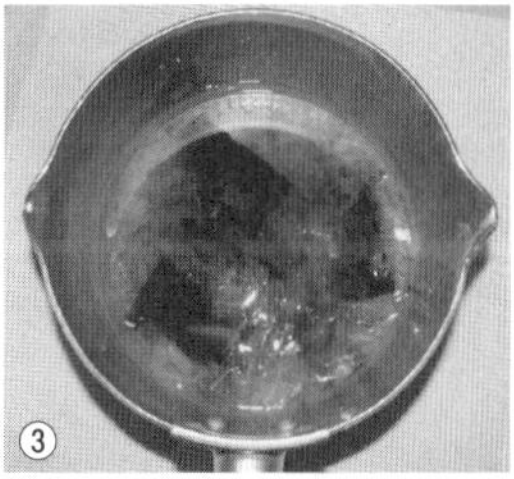

⑤かつお節が沈んだら、キッチンタオルか濾し器などで濾します。

▼二番だし

①水五〇〇ミリリットルに一番だしを取った後の昆布とかつお節を入れます。

②煮立ったら七〜一〇分程度中火で煮て、濾してよく絞ります。差しかつおするとさらに香りがよくなります。

③二番だしは味噌汁、鍋もの、煮もの、そばつゆなどに使います。

第七章　世界のうま味食材

01　タンパク質とアミノ酸

本章では、世界各地で伝統的に使われてきているうま味の多い食品や調味料、また、私たちにとって身近な肉、魚、野菜などに含まれるうま味成分について紹介します。

主なうま味成分はアミノ酸の一つであるグルタミン酸、核酸系のイノシン酸、グアニル酸ですが、本章ではグルタミン酸以外のアミノ酸についても触れています。各食品独自の味を作りだす物質として、うま味のあるグルタミン酸だけではなく、それ以外のアミノ酸も大切な役割をしているからです。

本題に入る前にタンパク質とアミノ酸の関係、そして個々のアミノ酸の味について紹介します。

タンパク質は、約二〇種類のアミノ酸が鎖状につながってできています。タンパク質自体には味がありませんが、個々のアミノ酸には味があります。食品の味についてみていくときには、タンパク質を構成しているアミノ酸ではなく、個々のアミノ酸（遊離アミノ酸）の存在が重要です。なぜならば、個々のアミノ酸にはそれぞれ特有の味があるからです。

日本人に大変なじみのある味噌や醤油は、大豆に含まれているタンパク質が発酵によってアミノ酸に分解されていき、グルタミン酸を含むさまざまな種類のアミノ酸は、味噌や醤油の味に関与しています。

個々のアミノ酸をそれぞれ個別に味わってみると、グリシンやアラニンのように甘味を持つもの、ロイシンやリジンのように苦味を持つものがあります。グルタミン酸とアスパラギン酸は酸性アミノ酸と呼ばれていて、これらのアミノ酸が水に溶けた状態では酸味がありますが、ナトリウムやカリウムといったミネラルとともに食品中に存在しているときにはうま味があります（表1）。

それぞれのアミノ酸の水溶液を味わって、その味質を分類してみると、プロリンなどは甘味があるけれども苦味もあるなど、アミノ酸ごとに特有の味を持っています。本章ではうま味物質であるグルタミン酸とともに食品の味を構成する成分としていくつかのアミノ酸もあわせて紹介していきますが、これらは全て遊離アミノ酸のことをさしています。

なお、食品成分表や食品アミノ酸組成表に記載されているアミノ酸はタンパク質を構成しているアミノ酸です。食品の味に関与しているアミノ酸（遊離アミノ酸）についての詳細情報については、「NPO法人うま味インフォメーションセンター」のホームページをご参照下さい（http://www.umamiinfo.jp）。

表1　主なアミノ酸（遊離アミノ酸）の味

甘味	グリシン、アラニン、スレオニン、セリン、プロリン
苦味	フェニルアラニン、チロシン、アルギニン、イソロイシン ロイシン、バリン、メチオニン、リジン
酸味	グルタミン酸、アスパラギン酸
うま味	グルタミン酸塩、アスパラギン酸塩

02 世界のうま味文化

代表的なうま味成分であるグルタミン酸、イノシン酸、グアニル酸はいずれも日本人研究者によって発見されました（第二章参照）。また、一九五〇年代から六〇年代には、日本人研究者による魚介類のエキス成分の研究が盛んに行われ、多くの研究成果が発表されています。

うま味に関する初めての国際シンポジウムがハワイで開催されたのは一九八五年のことですが、その頃はうま味は日本の食材にしかない味、あるいは日本人のみが理解する味覚であり、基本味ではないと信じている海外の研究者が多くいました。それは無理もないことで、日本のようにだしを多用する食文化をもたない国の人々は、うま味を表現する言葉すらもっていなかったからです。

米国カリフォルニア大学デイビス校のマイケル・オマホニー教授が実施したアメリカ人と日本人合計三一〇名を対象とした調査結果では、うま味溶液（グルタミン酸ナトリウムを水に溶かしたもの）を味わったときの表現は、アメリカ人ではうま味と答えた人は一〇パーセント弱、塩味と答えた人が四〇パーセント、はっきりしない曖昧な味と答えた人が一〇パーセントでした。これに対して、日本人の場合にはうま味と正しく答えている人が五〇パーセント以上で、当時はアメリカでは正しく理解されていなかったことがうかがわれます。

今ではうま味は世界共通語となり、うま味の研究が進むとともに、日本人の料理人だけでは

ヨーロッパ全域
チーズ
（長期熟成のチーズ）
生ハム
北欧
アンチョビ
ポーランド
キルバサ
（ソーセージ）
マクレラ・ヴェンゾナ
（サバの燻製）
ロシア
セリョトカ
（塩漬ニシン）
中国
豆豉、醤、醤油、腐乳
韓国
テンジャン（味噌）、カンジャン（醤油）、ジョッカル
アメリカ
トマトケチャップ
ベーコン
バーベキューソース
グレイビーソース
イギリス
ビーフエキス
イタリア
ガルム
バングラデシュ
シュッキー
トルコ
サルチャ
（トマトペースト）
日本
味噌、醤油、かつお節
アフリカ西岸
ダウダワ、スンバラ
メキシコ
モレ
ベトナム
ニョクマム
ミャンマー
ガピ
フィリピン
バゴオン、パティス
ナイジェリア
グラウンド・クレフィッシュ
（エビパウダー）
ペルー
チャルキ
（アルパカの干し肉）
タイ
ナンプラー
ブラジル
バカラオ
（干しタラ）
マレーシア
ブラチャアン
ガーナ
シト
インドネシア
テンペ、テラシ
南米
（トマトの原産地）
カンボジア
プラホック、トゥックトレイ
オーストラリア
酵母エキス
豆または穀類を発酵させてつくられた食品
ペーストか液体の状態で使われる。
魚介類を発酵させてつくられた食品
ペーストか液体の状態で使われる。
その他の食品
トマトが料理の味のベースとして日常的に用いられている地域

図1　世界のうま味食材マップ

（提供：NPO 法人うま味インフォメーションセンター）

なく世界各地のシェフたちが注目する味覚の一つとなりました。彼らは、うま味は自国の伝統的な料理の中にもあったことを改めて認識し、うま味を意識して使うようになってきています。

アジアの国々に加えて、ヨーロッパや南米などにもうま味の知識が広がっていったことで、うま味をより意識し、各地のうま味食材が注目されるようになってきています。世界各地に伝わる伝統的なうま味食材について代表的なものを以下に紹介します。

▼穀　醤

コウジカビを利用した穀醤

穀醤とは、大豆などの穀類を原料とする発酵調味料です。米や麦、大豆などの穀物にコウジカビを中心とした微生物を繁殖させたものが麹です。この麹に直接塩を加えたり、あるいは塩と大豆を加えて時間をかけて発酵させることでうま味に富んださまざまな発酵食品が作られます。

コウジカビはデンプンやタンパク質を分解させる酵素を持っているので、米や麦、大豆などに含まれているデンプンやタンパク質はグルコースや各種アミノ酸に分解されていきます。このようなコウジカビの持っている各種分解酵素の力を利用して作られる発酵調味料が穀醤です。

米や麦にコウジカビを繁殖させた麹に塩と大豆を混ぜて作るものが主流ですが、大豆のかわりにソラマメやエンドウを使ったもの、唐辛子や山椒などの香辛料を混ぜたものなどもあります。

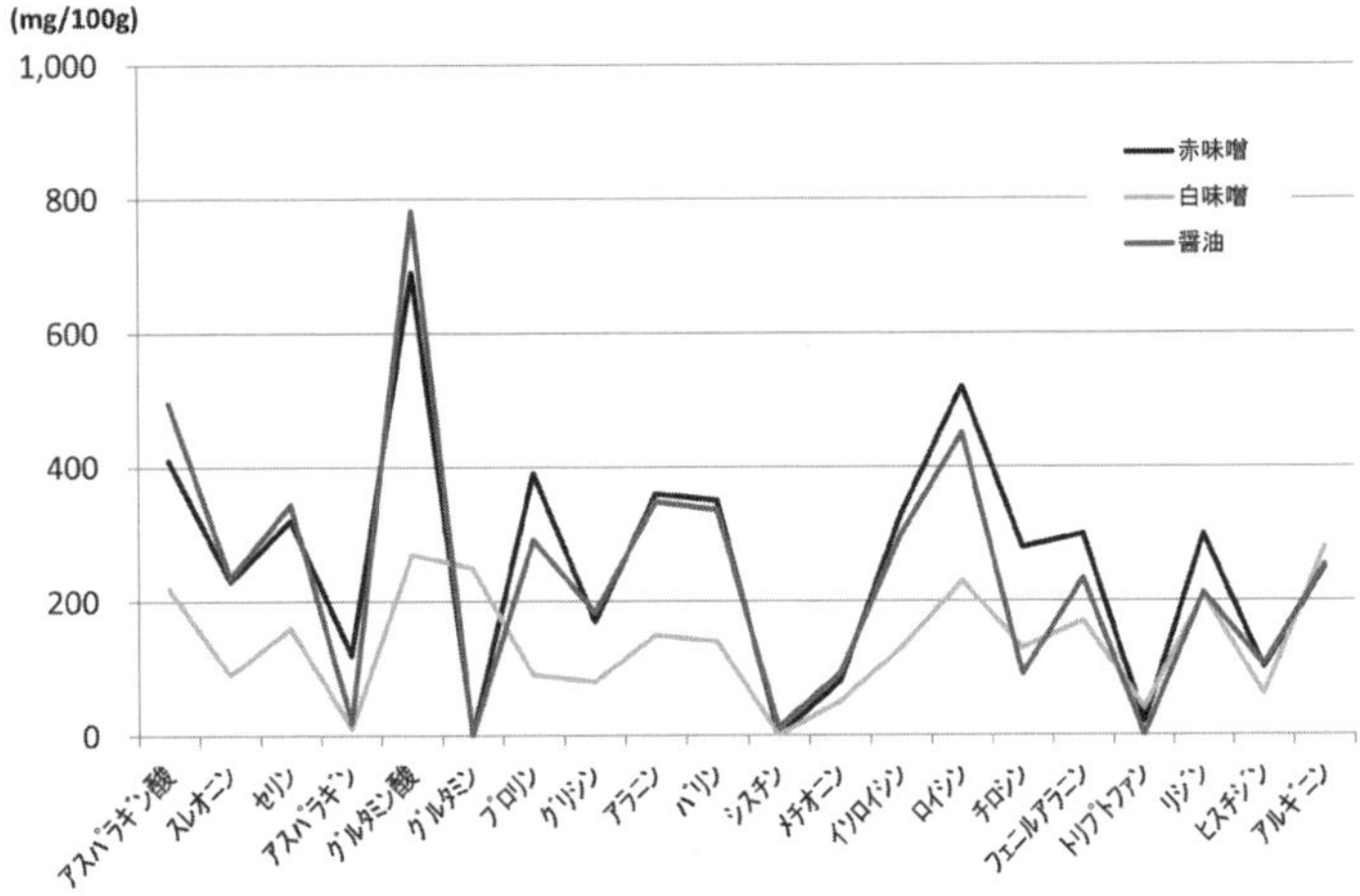

図２　味噌と醤油中の各種アミノ酸

（提供：NPO 法人うま味インフォメーションセンター）

なお、液体のものは穀醤油と呼ばれています。穀醤といえば、日本では味噌と醤油が代表的なものです。コウジカビが持っている各種分解酵素の働きを利用して日本酒、味噌、酢、漬物、醤油、焼酎などが伝統的に作られてきていますが、これらの発酵食品の中でタンパク質が豊富に含まれている大豆を原料とした発酵食品、すなわち味噌や醤油は発酵の過程で麹がもつタンパク質分解酵素の働きで、大豆のタンパク質がアミノ酸に分解されるので、アミノ酸が豊富に含まれ、中でも最も多く含まれているグルタミン酸は味噌や醤油の味を構成する重要なうま味成分です（図２）。

　中国で六世紀に書かれた「斉民要術」には穀醤づくりに使われる麹や、当時から穀醤油として使われていた豉《ち》や醬《じゃん》などの作り方が詳しく記載されています。

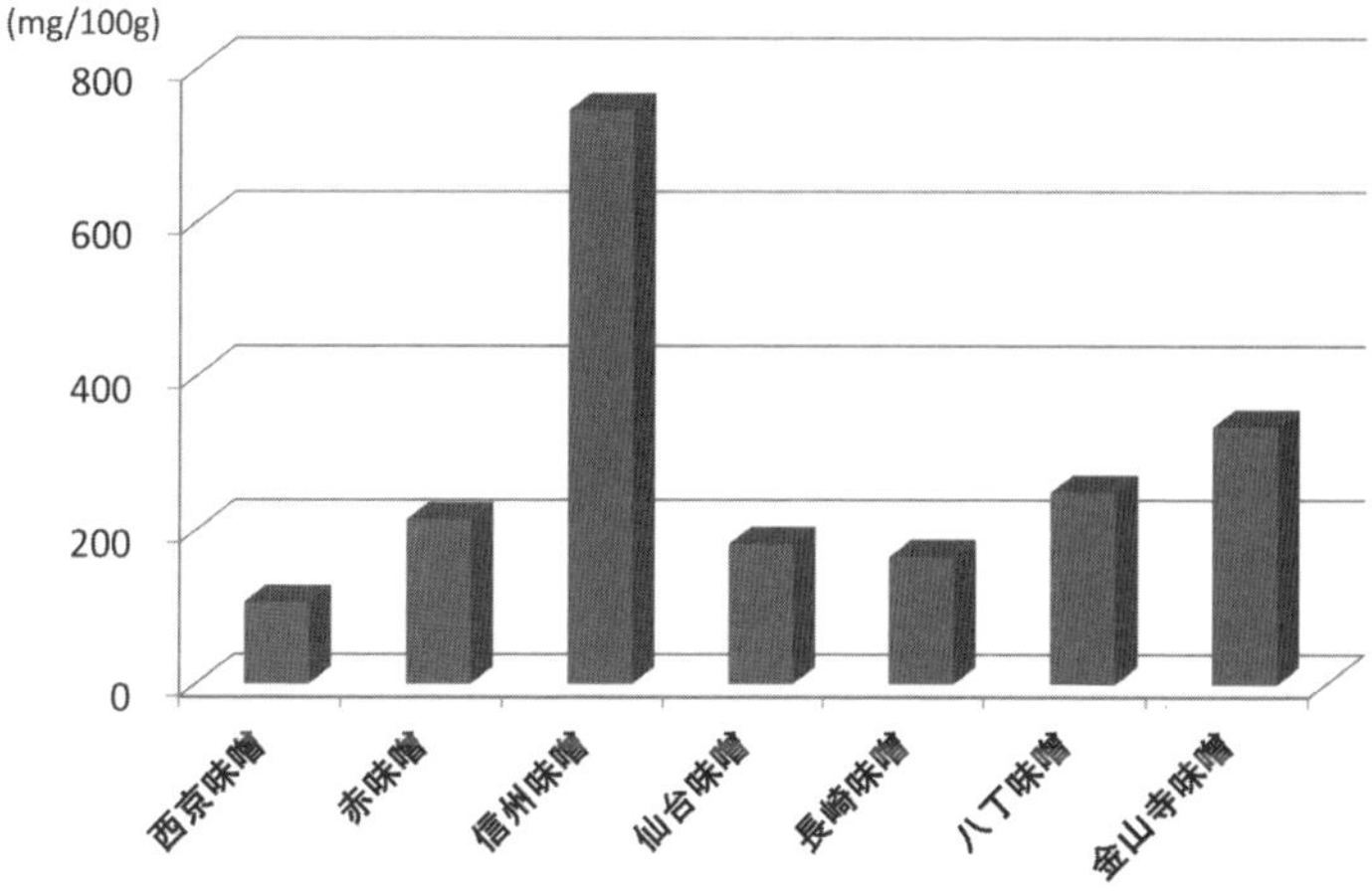

図３　各種味噌中のグルタミン酸　（植田、1998）

豉は蒸した豆に直接コウジカビを繁殖させて作った豆麹を乾燥させて作ったもので、塩を加えていないのでうま味が濃縮された調味料です。豆麹づくりは発酵の条件設定が非常に難しく、気温や湿度が高い状態ではコウジカビよりも細菌が繁殖して腐ってしまいます。

　また、豆にはタンパク質が豊富に含まれていますが、デンプンが少ないために、コウジカビが繁殖しにくいので、デンプンを増やすために豆に小麦粉をまぶして豆麹を作る方法があります。黒大豆に小麦粉をまぶして豆麹を作り、塩水を加えて発酵させたものを日蔭で乾燥させたものが豆豉《とうち》です。

　豆豉は醤油に近い香りを持ったうま味の強い発酵調味料です。現在、日本でも中国料理用の調味料の一つとして豆豉が手軽に入手できるようになりましたが、京都で作られている大徳寺納豆や浜松の浜納豆などは、中国から伝えられた豆豉の製法がもとになっています。

中国料理で使われる穀醤として私たちにもなじみのある豆板醤はソラマメから作った豆麹です。本来は唐辛子を使わずにソラマメだけで作った豆麹が豆板醤と呼ばれていましたが、現在では唐辛子を混ぜた辛いものが一般的になっています。このように、コウジカビが持つ酵素の働きをうまく利用して作られた発酵調味料は伝統的に中国や日本で古くから使われてきています。

枯草菌を利用した穀醤、納豆豆豉

コウジカビ以外の細菌の働きを利用して作られた発酵食品に納豆豆豉があります。インドネシアのテンペや日本の納豆は、その代表的なもので大豆を煮てから藁《わら》にくるんで発酵させたものが納豆、煮た大豆をハイビスカスやバナナの葉にくるんで発酵させたものがテンペです。

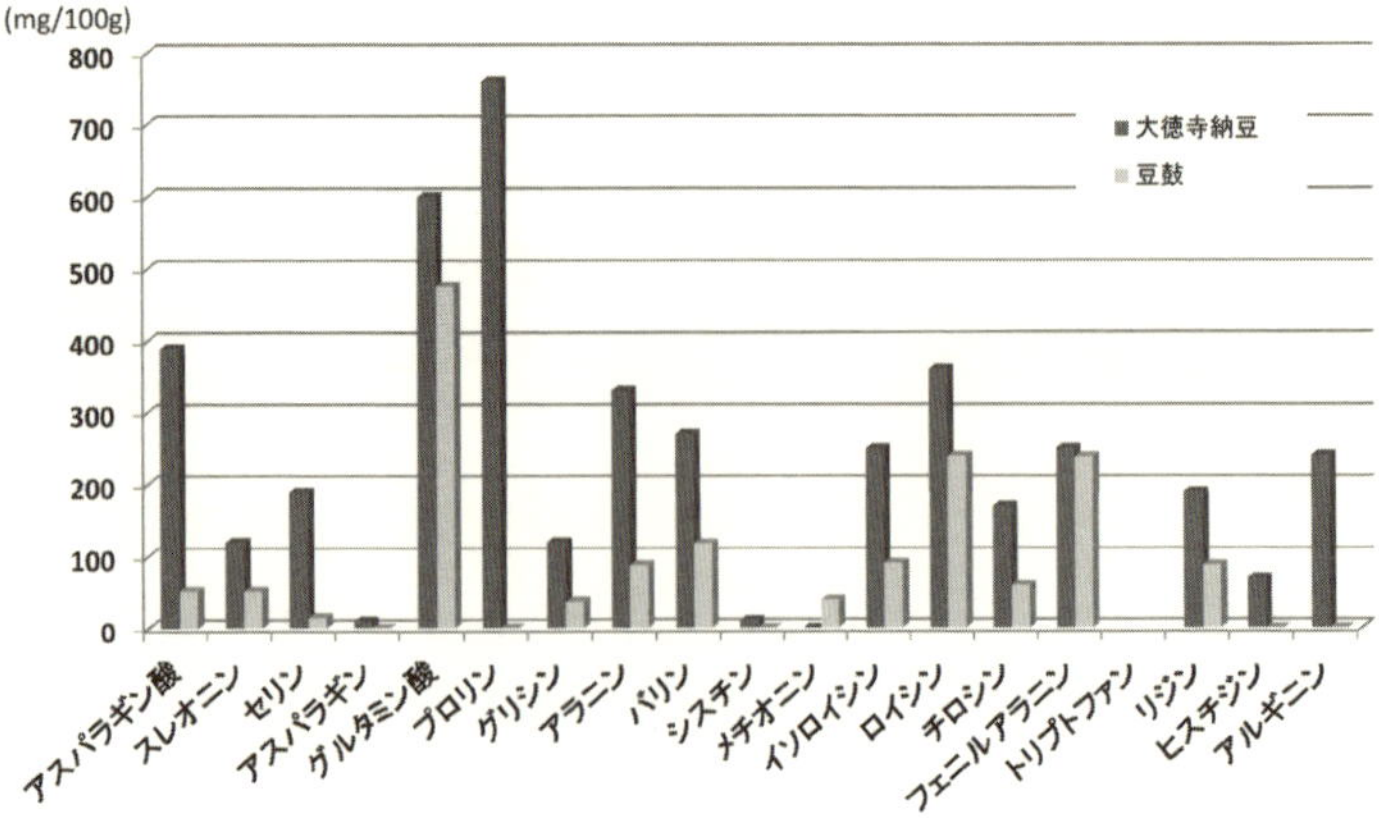

図４　豆豉と大徳寺納豆のアミノ酸　　（大槻ら、2000、吉田、1998）

これらは、それぞれ藁に付着している納豆菌やハイビスカスやバナナの葉についているテンペ菌と言われる枯草菌の働きを利用して作られた発酵食品です。

このように植物の葉や土壌、空気中に存在する常在細菌の一つである枯草菌を使って作った穀醤である納豆豆豉はミャンマー、ラオス、ベトナム、中国南部の雲南省に多くあります。

枯草菌を使って大豆を発酵させてから香辛料や塩を混ぜた納豆豆豉は中国の四川省や雲南省、ネパール、ブータン、インドのシッキム、アッサム、ナガランド、ミャンマーなど、非常に広い地域に普及しています。それぞれ、その土地によって異なる枯草菌が使われているので、日本の納豆のように糸を引くものはなく納豆臭もありませんが、アミノ酸を豊富に含みうま味のあるグルタミン酸に富んでいることは共通しています。

豆と枯草菌を利用した発酵調味料は西アフリカ（サハラ砂漠の南側に位置する国々でナイジェリア、ガーナ、ギニア、マリ、カメルーン、コートジボアール等）にもあります。いずれもマメ科のパルキア（アフリカンローカストビーン、アフリカイナゴマメまたはヒロハフサマメノキというマメ科ネムノキ亜科の植物）という大きな常緑樹にできる豆を原料にしたもので、莢から取り出した豆を長時間煮てから皮をむき乾燥させます。再び茹でて、木製の臼のようなものに入れてついていき、ちょうど漉し餡のような状態になったものをピンポン玉ほどの大きさに丸めて籠の上に並べて天日乾燥（発酵）させます。

発酵期間は短く二日間程度なので長期保存には適していません。このボール状のものをそのまま、あるいは平らに伸ばして煎餅状にしたものが市場で売られています。発酵に役立っている細菌は枯草菌の一種で納豆菌と同じ種類のものです。その作り方は地方によって若干異なりますが、地元の人たちは代々その地域で受け継がれたさまざまな方法でパルキア豆の納豆味噌を今でも作っています。呼び名は地域によって異なり、Dawadawa（ダワダワ、ダウダワ、またはダダワ。ナイジェリア北部からニジェール南部のハウサ語）、Ogiri（オギリ。ナイジェリア南東部のイボ語）、Soumbara（スンバラ。フランス語圏の西アフリカ諸国）、Iru（イル。ナイジェリア西南部のヨルバ語）などと呼ばれています。

筆者が現地を訪れた際、村の人々から聞いた話では、近年、原料のパルキア豆が不足してきて、大豆を使って同じような納豆味噌を作ったり、あるいはスープキューブやうま味調味料

パルキア豆

茹でた豆を軽くつぶす

発酵した豆

発酵が終わったオギリは
丸めるか煎餅状にする

写真１　オギリの製造工程　ナイジェリアの首都アブジャ郊外の村で撮影

（グルタミン酸ナトリウム）がこれらの納豆味噌の代わりに日々のスープの味付けに使用されるようになってきているようです。

▼魚醤

歴史に残る最古の魚醤は、古代ローマ時代に使われていたガルムやリクアメンと言われている魚醤です。

古代ローマではオリーブオイル、ワインと並んで三大交易品の一つと言われていたほどで、市民の生活に欠かせない調味料でした。

ポンペイの遺跡には、ガルムの製造工場跡が今でも遺跡として残っています。当時、ガルムを保存するために使用されていたアンフォラと呼ばれる陶器の器に付着した土を分析した結果、ガルム由来のものと考えられるグルタミン酸が多く検出されていま

表２ 東南アジア各国の魚醤中のアミノ酸

(mg/100ml)

	ナンプラ タイ	ニョクマム ベトナム	パティース フィリピン	ピャーイェー ミャンマー	バカサン インドネシア	ブドゥー マレーシア
アスパラギン酸	760	1150	560	375	362	362
スレオニン	460	700	481	238	60	229
セリン	360	610	418	106	465	163
グルタミン酸	950	1370	988	948	727	620
プロリン	230	330	55	0	0	0
グリシン	340	460	328	249	72	173
アラニン	700	1010	686	561	484	406
バリン	590	830	649	465	476	372
シスチン	0	0	250	0	277	96
メチオニン	230	270	400	207	360	220
イソロイシン	360	390	506	321	963	318
ロイシン	450	490	709	505	350	463
チロシン	50	60	0	187	192	157
フェニルアラニン	310	420	267	150	1039	173
トリプトファン	90	90	0	0	0	0
リジン	890	1360	1143	692	595	555
ヒスチジン	320	460	670	89	44	190
アルギニン	0	80	31	0	349	15

(Y. Yoshida, 1998)

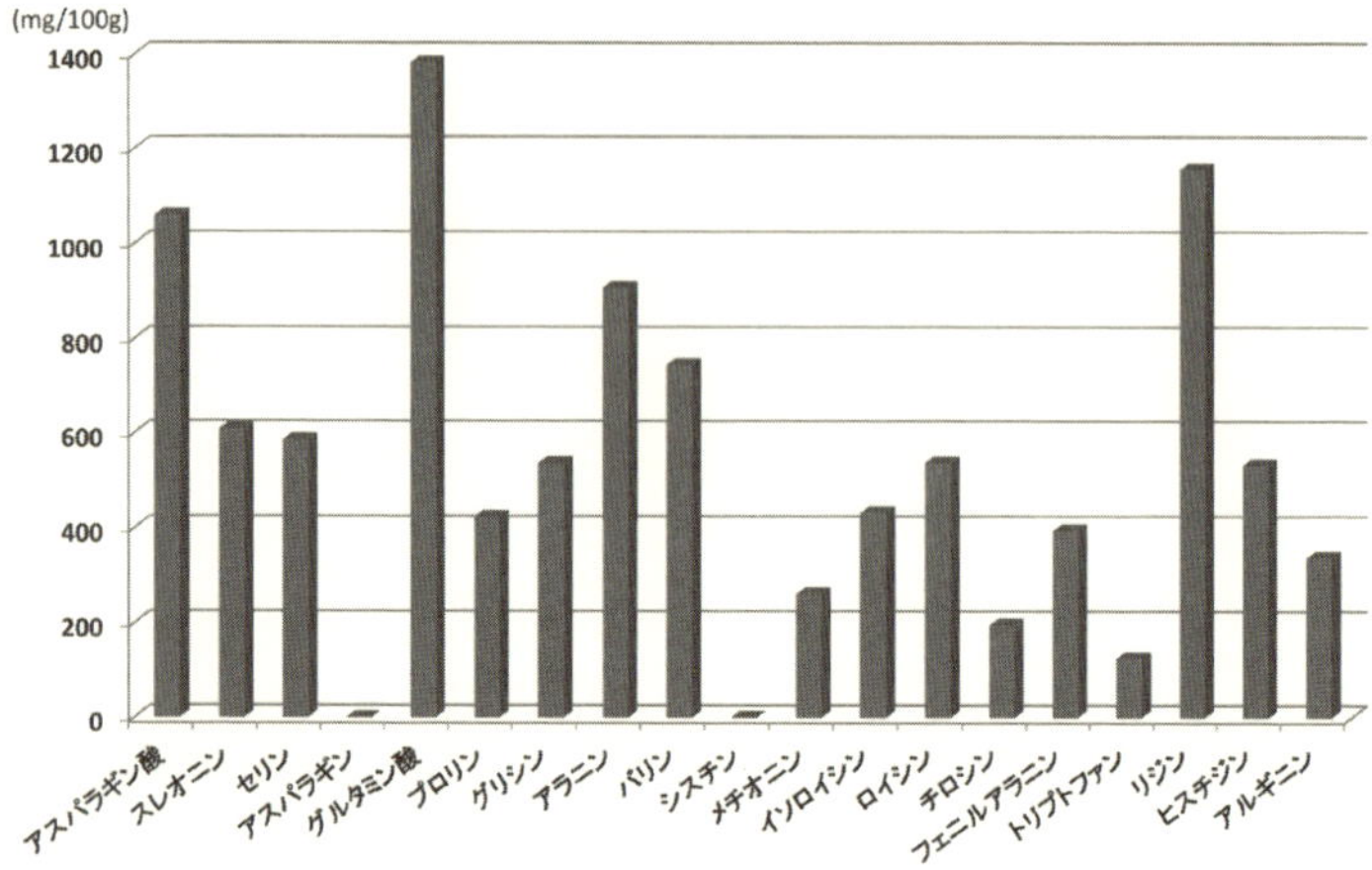

図５　イシル中のアミノ酸　（吉田、1998）

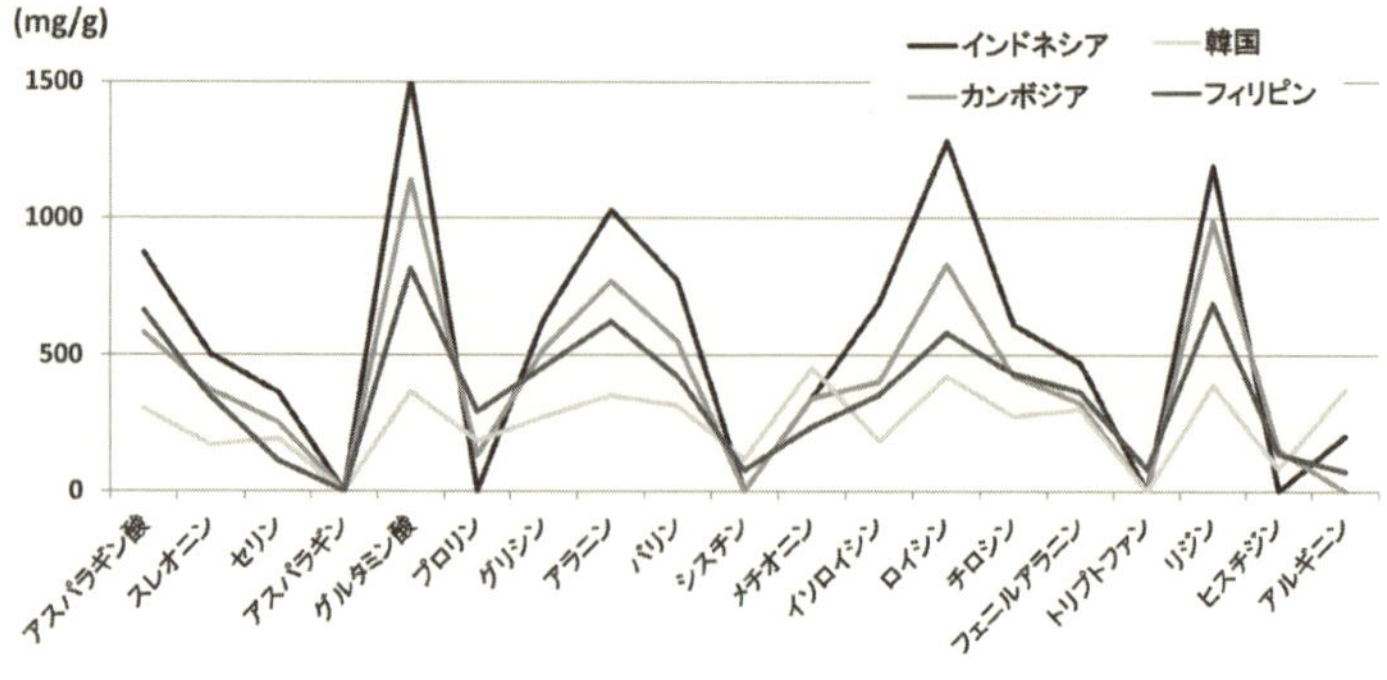

図６　各国のエビ・アミ類の魚醤中のアミノ酸　（吉田、1998）
インドネシア：テラシ、カンボジア：ガピ、韓国：小エビ塩辛、フィリピン：バゴオン

す。

また、古代ローマ時代の料理書として有名なアピシウスの料理書に紹介されているレシピには、ガルムやリクアメンが頻繁に使われています。当時、甘味料として使われていた蜂蜜と並び、ガルムはうま味と塩味を持つ調味料として使われていたのでしょう。

魚醤油は魚介類を塩漬けにして作ったもので、もともと魚介類が持っていたタンパク質分解酵素の働きで、魚介類のタンパク質がアミノ酸に分解されていくので、グルタミン酸のうま味を中心とし、その他のアミノ酸による複雑な味と塩味を持つ調味料です。その形態はさまざまで、固形、ペースト状、液状などのものがあり、特に東南アジアでは欠かすことのできない伝統調味料として今でも頻繁に使われています。

私たち日本人になじみの深い塩辛も魚醤の一種です。韓国ではさまざまな魚介類から作った塩辛（魚醤）が、キムチにうま味、塩味、こくを出す調味料として使われています。

日本ではイカナゴ醤油、いわしで作ったイシルやイカの内臓から作ったイシル、ハタハタから作ったショッツルなどが代表的な魚醤です。近年、地元の魚を有効利用しようという動きから、魚醤作りが見直されてきており、かつおの内臓の塩漬発酵食品である酒盗や鮎のウルカなども再び注目されてきています。

東南アジアでは、日本よりも魚醤が日常生活に密着しており、大陸部分では淡水魚を使った魚醤が使われています。

いずれの魚醤においてもグルタミン酸が多く含まれていて、魚がもともと持っていた酵素の働きでタンパク質が分解された結果、グルタミン酸によるうま味を持ち、塩漬けに使った塩による塩味が組み合わさった調味料ということができます。

魚醤の原料は魚だけではなく、エビやアミ（小型甲殻類）を塩漬け発酵させたものも含まれます。この場合には、半液状のものもあれば乾燥させて個体の状態になったものなどさまざまな形態があります。

いずれも、炒めものやスープ、麺類やチャーハンなどの味付けに使われています。

▼濃縮エキス

これまで述べてきた穀醤や魚醤とは異なり、発酵の技術はいっさい使いませんが、うま味のある食材の煮汁を煮詰めたもの、すなわち濃縮エキスも世界各地で調味料として使われてきています。

日本では、古くから煎汁（いろり）と呼ばれるかつおの煮汁を濃縮した、ペースト状の調味料が使われていました。茹で汁そのものやスープストックは保存性が悪いのですが、加熱を続けて水分を蒸発させたペースト状や個体のものは、体積も減るので保存ができるだしとして使われてきました。日本では、七一八年の賦役令にかつおを茹でた煮汁を煮詰めてペースト状にした煎汁（いろり）は諸国が納めなくてはならない品目の一つとして挙げられていました。

ヨーロッパでは、主に仔牛のだし汁であるフォン・ド・ヴォを長時間煮詰めてペースト状に

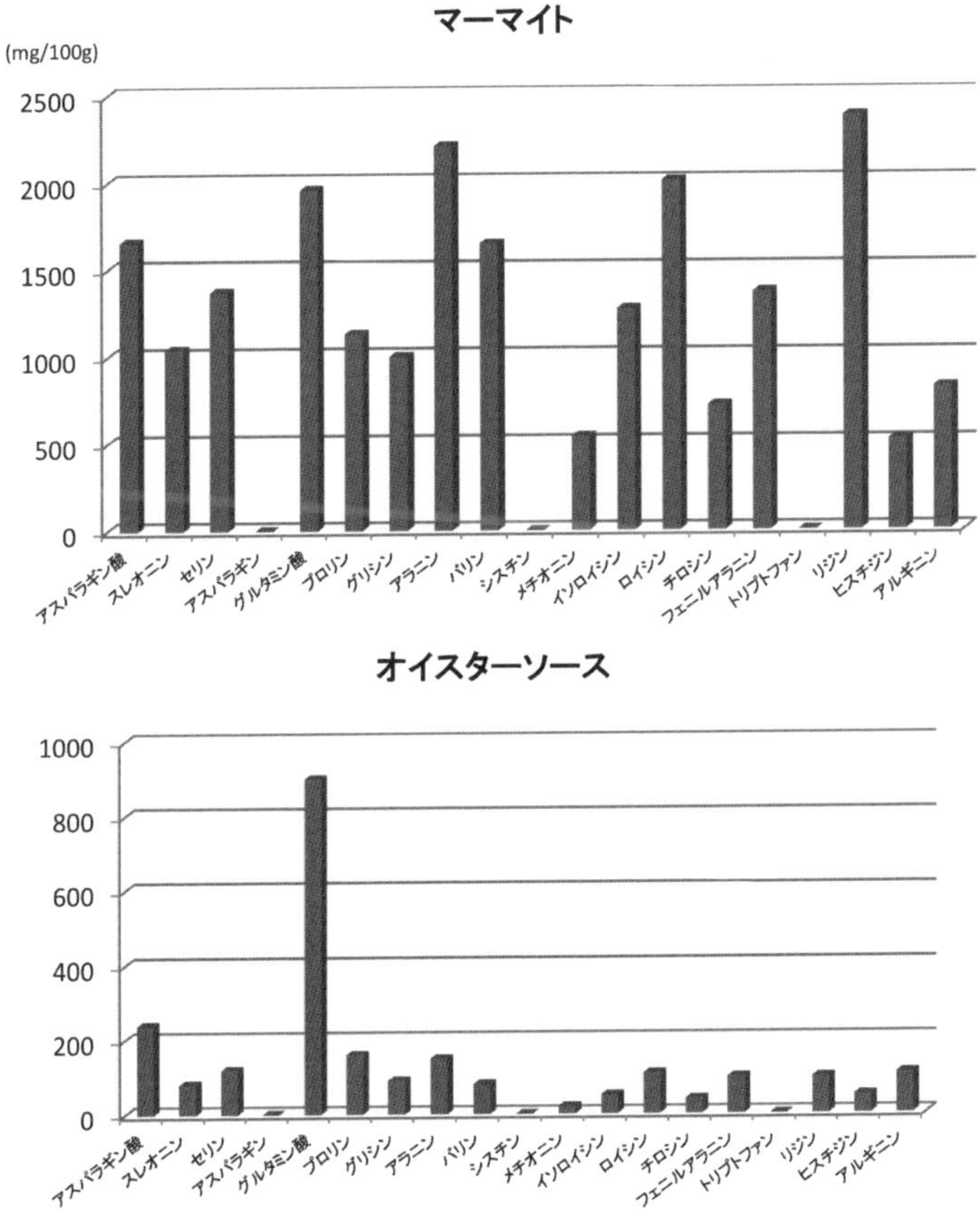

図7　マーマイト、オイスターソース中の遊離アミノ酸　（吉田、1998）

したグラス・ド・ヴィヤンドが、料理の仕上げに少量使われこくとうま味を与えますが、これも肉の煮出し汁を煮詰めた濃縮エキスでうま味の強い調味料のひとつです。

イギリスでは、濃縮したビーフエキス（ボブリル）やビール製造過程で沈殿してくる酵母エキスを濃縮しペースト状にしたもの（マーマイト）が一九〇〇年代の前半から調味料として愛用されるようになりました。

ビーフエキスは、お湯に解いてスープのもととして使ったり、マーマイトはトーストに塗ったりします。旧英国領のニュージーランドやオーストラリアでも使われていますが、マーマイトは酵母エキス独特の匂いがあり好き嫌いが分かれるようです。

また、中国料理に使われるオイスターソースは牡蠣の茹で汁に塩、砂糖、うま味調味料、香辛料などを加えて煮詰めたものです。

モルジブではかつおの茹で汁を煮詰めたものがリハクルと呼ばれ調味料として愛用されています。

インドネシアではプティスというのは茹で汁を煮詰めてペースト状にしたものの総称で、エビの茹で汁を煮詰めたものがプティスウダン、かつおなどの茹で汁を煮詰めたものはプティスイカンと呼ばれ、うま味の強い調味料として使われています。

以上、世界各地のうま味の多い調味料を主体に発酵で作られるもの、濃縮したエキスに分類してみましたが、この他にも世界各地で愛用されているトマトペーストやトマトから作ったウスターソースやケチャップ、各種チーズや生ハム、アンチョビー、中国の金華ハム、干しエビ、干し貝柱などもうま味が豊富に含まれた食材であり、各地で料理のベースや調味料として愛用されています。

うま味は世界共通の味であり、うま味を豊富に含む食材を作るために世界各地でいろいろなくふうがなされています。もともとは食品の保存の目的で作られてきた発酵食品や濃縮エキスなど、いずれも結果的には塩味とうま味の組み合わせで料理の味を引き立てる調味料として世界各地のさまざまな料理に愛用されてきています。

▼チーズ

欧米では乳製品が非常に多く料理に使われています。バターやクリームなどに加えて、ウシ、ヤギ、ヒツジなどのミルクを発酵させたさまざまな種類のチーズが生産されています。各種ミルクに酵素、カビ、バチルス菌などを加えて発酵させ熟成させます。

ヨーロッパで製造されているチーズの種類はざっと三〇〇種類以上にもなります。日本各地でさまざまな味噌が伝統的に作られてきたのと同じように、ヨーロッパの各地方では、その土地の気候風土にあったさまざまなチーズが作られてきています。チーズの熟成期間にミルク中のタンパク質はアミノ酸に分解されていきますが、なかでもグルタミン酸はチーズ中にとても多く含まれるアミノ酸の一つです。

また、長期熟成されたチーズほどグルタミン酸の含量は高くなり、最低でも二年以上の熟成

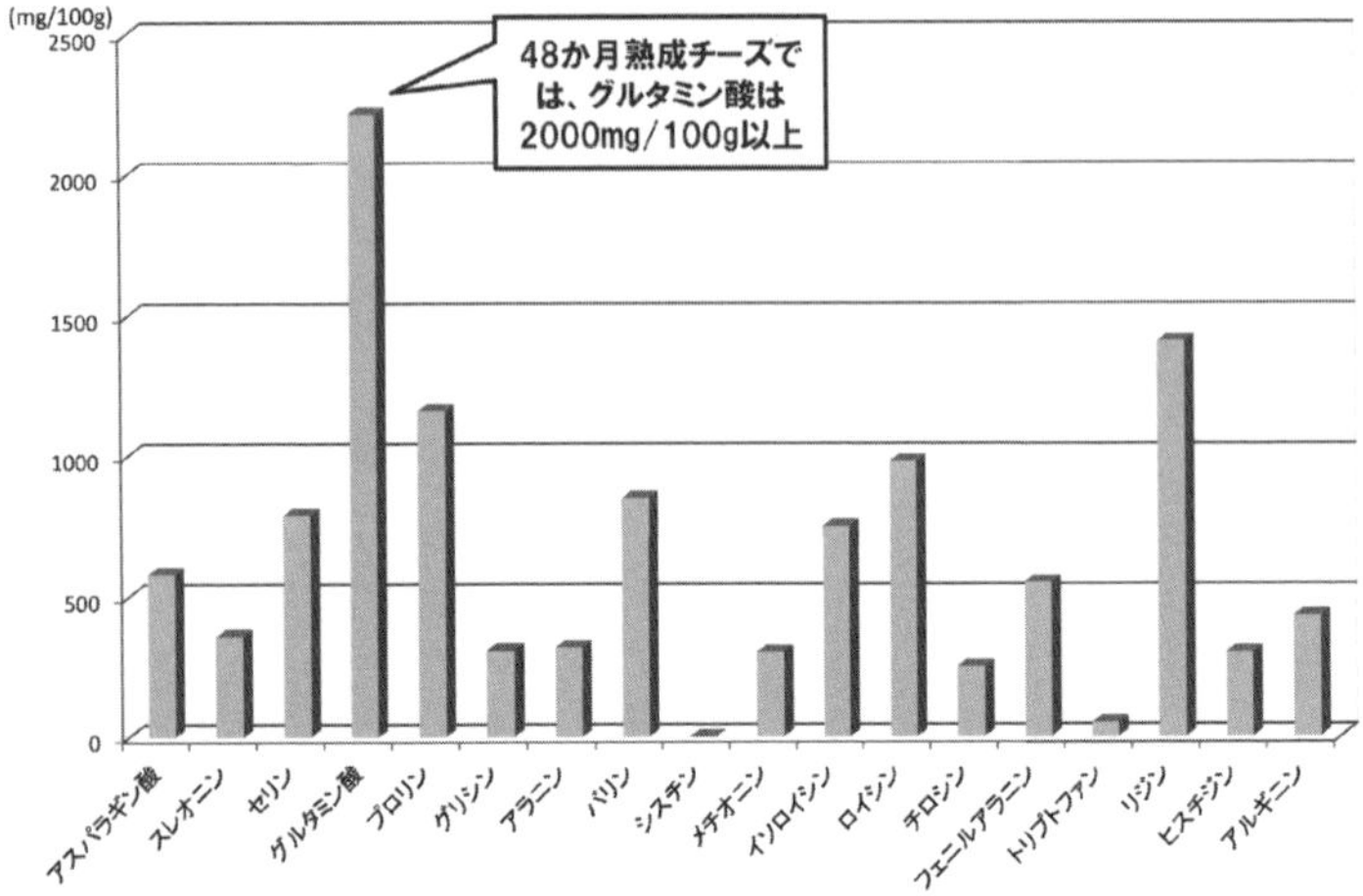

図８　パルミジャーノ・レッジャーノ中のアミノ酸

（提供：NPO 法人うま味インフォメーションセンター）

が必要で日本でもおなじみのイタリア産のパルミジャーノ・レッジャーノではグルタミン酸含量が一パーセント以上にも達します（図８）。

このように熟成が進みグルタミン酸含量が高いチーズは風味も増して調味料としても使われます。アオカビによって熟成を行うロックフォールチーズやブルーチーズ、ゴルゴンゾーラなどのチーズは、パンに塗るスプレッドやソース類、ドレッシング類などにも使われ、グルタミン酸によるうま味を含んだ独特の風味が料理に加わります。

スイスの研究者はエメンタールチーズの味を構成する成分について、チーズの分析および官能評価によって調べた結果を報告しています。エメンタールチーズにはグルタミン酸、ロイシン、バリン、リジンなど

表３　各種チーズ中のアミノ酸

	エメンタール スイス	パルメジャーノ レジャーノ イタリア	カルバレス スペイン
アスパラギン酸	10	414	288
スレオニン	73	212	303
セリン	43	561	79
グルタミン酸	307	1680	760
プロリン	160	884	0
グリシン	30	297	104
アラニン	49	253	189
バリン	131	671	450
メチオニン	43	212	270
イソロイシン	59	535	412
ロイシン	210	695	752
チロシン	48	240	334
フェニルアラニン	103	435	441
トリプトファン	9	0	66
リジン	203	1130	764
ヒスチジン	30	236	140
アルギニン	0	2	28

(K. Ninomiya, 1998)

表４　エメンタールチーズの味を構成しているアミノ酸

甘味	プロリン、アラニン、グリシン、スレオニン、セリン
苦味	バリン、ロイシン、イソロイシン、フェニルアラニン チロシン、ヒスチジン、リジン
うま味	グルタミン酸

(Puchades, et al., 1989)

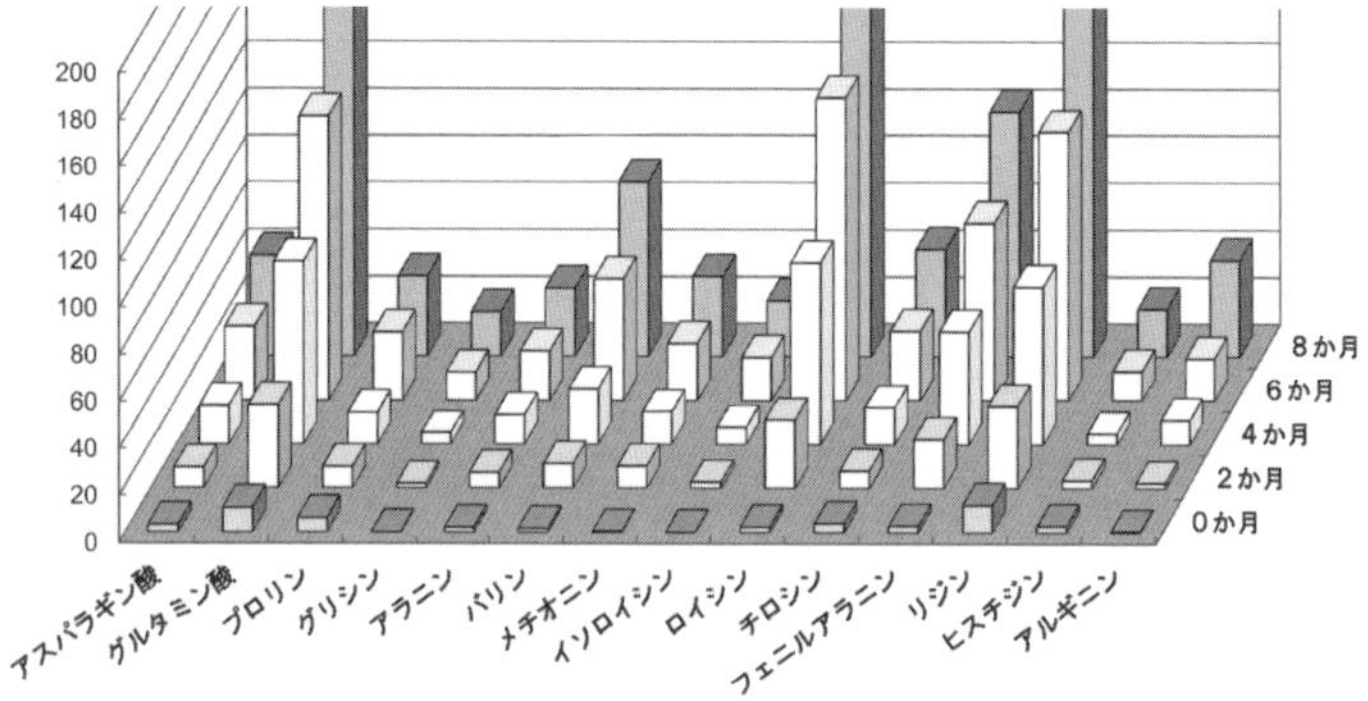

図9　チェダーチーズの熟成のアミノ酸の増加　（Weaver and Roger, 1978）

写真2　パルミジャーノ・レッジャーノ

の一六種類のアミノ酸のほかに、乳酸やコハク酸などの有機酸やミネラルが含まれています。これらの成分は、それぞれの味質によって四つのグループ、すなわち甘味、酸味と塩味、苦味、ブイヨン様の味（うま味）に分類しています。甘味のあるアミノ酸のプロリン、アラニン、グリシン、スレオニン、セリンとブイヨン様の味を持つグルタミン酸はチーズの味を構成する重要な成分であることを報告しています（表4）。

　フランス農務省がディジョンに持っている研究所でも、グルタミン酸のうま味がチーズの味に貢献していることを報告しています。

図9に示したように、チーズ中の遊離アミノ酸は熟成とともに増加していきますが、なかでもグルタミン酸は急激に増加していきます。熟成期間が長いチーズの場合には、グルタミン酸含量が熟成の目安になると言われています。

長期熟成チーズの中にみられる白い斑点は、熟成が進んだ結果、チーズ中の水分が失われたために、水に溶けにくいアミノ酸が出てきたものです。四八か月熟成のパルミジャーノ・レッジャーノの白い斑点のみを取り出しアミノ酸の分析をしたところ、これらの白い斑点はロイシン、イソロイシン、バリンなどの水に溶けにくいアミノ酸が五〇パーセント以上を占めていて、グルタミン酸も含まれてはいますが約七パーセント程度でした。

▼生ハム

ヨーロッパのうま味食材としてチーズと並んで重要な食材に生ハムがあります。スペインのイベリア半島の山岳地帯は生ハムの産地として知られています。イベリアの生ハムは紀元前後に、すでに美食家の間でもてはやされていた逸品だったと言われています。

この生ハムは、イベリア半島で生ハム製造のために飼育されたブタの腿部を約一か月間原塩で塩漬けにします。この期間に塩の働きによって水分が徐々に除かれていくと同時に、肉自体が持っている酵素の働きでタンパク質の分解が始まります。塩漬け期間終了後、水洗いをして塩抜きをした豚肉を低温で湿度の高い場所に一〜二か月貯蔵します。低温、多湿の状態で貯蔵

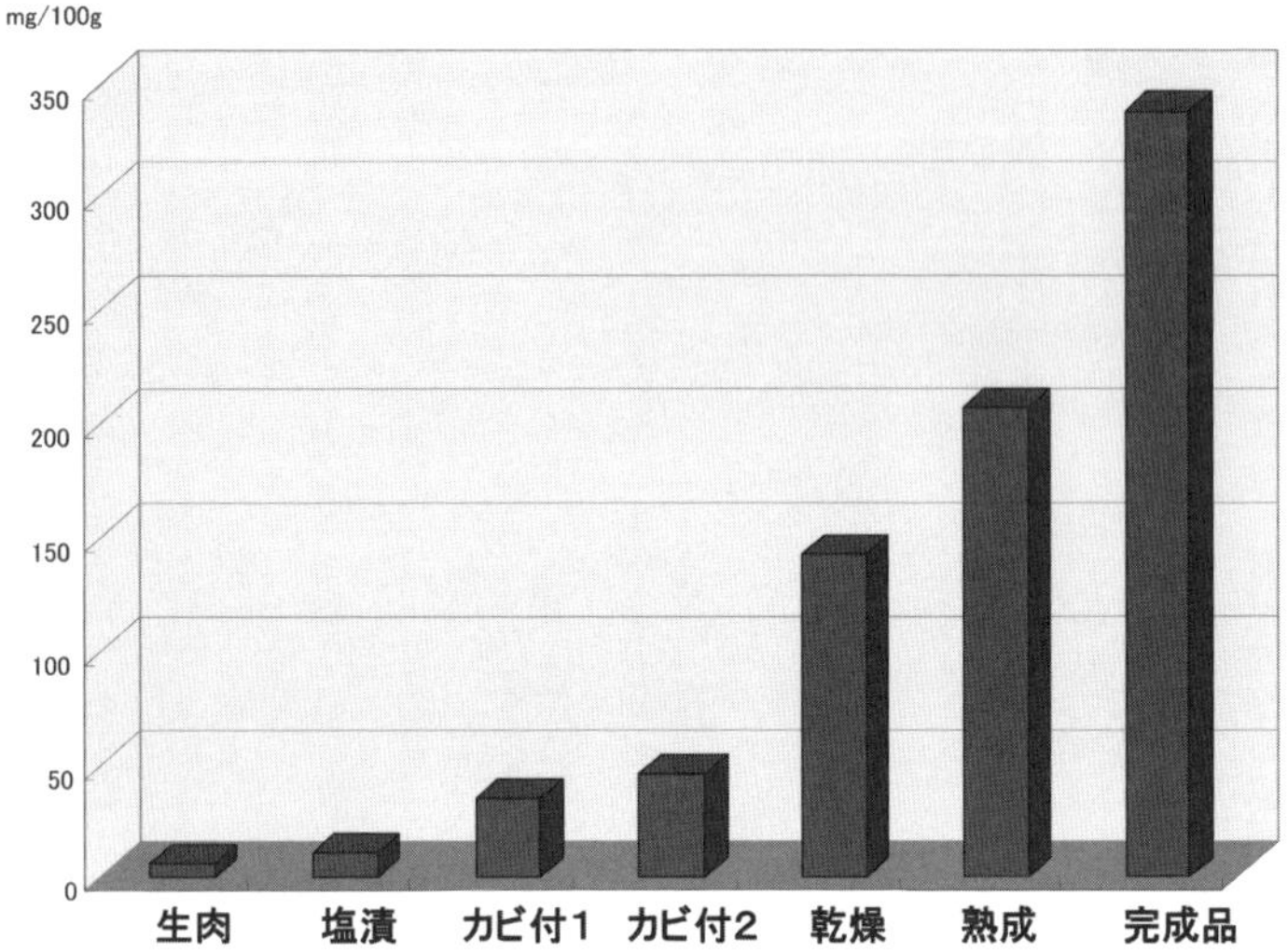

図10　生ハム製造過程におけるアミノ酸の増加
生肉：と殺後48時間塩漬け（15日間／4℃）、カビ付１：０～４℃、湿度90％で60日間、カビ付２：温度を徐々に上げ湿度は徐々に下げながら45日間、乾燥：夏季に45日間、熟成：専用セラーで12か月
（J.J. Cordaba, 1994）

されている間に肉の表面にはカビが生えてきます。

このカビは、さらに水分を除去し腐敗を防ぎ風味を出す役割をしてくれます。カビ付が終了すると今度は風通しの良い場所で乾燥と熟成が行われます。熟成期間は最低でも七～八か月、長いものでは一八か月です。

イベリア半島の冬は湿気が高く気温が低く、夏のあいだは日中の気温が比較的高くなるので肉の脂身が少しずつ溶け出しますが、夜になると気温が一気に下がるので肉の身がしまってきます。この温度と湿度の変動の繰り返しが肉をじっくり熟成させていきます。肉の中のアミノ酸は熟成が進むにつれて増加していきます。

図10に示したように、グルタミン酸は乾燥、熟成の工程で急激に増えていきます。中国の金華地方で作られている金華ハムも豚肉の塩漬け、乾燥、熟成によって作られるもので、濃厚なスープのだしの素材として使われています。

▼その他のうま味素材

タマリロ

世界各地でトマトやその加工品が、うま味素材として利用されていますが（トマトの項参照）、トマトの近縁種であるタマリロ（ナス科ナス属）が最近うま味素材として各国のシェフ達に注目されています。ツリートマトやサチャトマトなどとも呼ばれるもので、ペルー、エクアドル、ボリビア、コロンビア、チリなどに広く分布し、高さ五〜六メートルにも達する樹木に生る果実です。見かけはカラスウリのような形をしています（写真3）。

写真3　タマリロ

南米ではサラダや煮込み料理、オランデーズソース、チャツネやピュレなどに加工されて使われていますが、面白いことに果物的な感覚で食べられるだけではなく料理のベースとして使われています。このタマリロの果肉の部分のグルタミン酸の含量は一〇〇グラム中に四八〇ミリグラム、ゼリー状の種の部分には一〇〇グラム中に一二〇〇ミリグラムほどもあります。南米各地の煮込み料理やソースなどに使われているのもうなずけます。

欧米で使われている魚介類の加工品

ヨーロッパでは、アジア諸国のように魚介類を干したり、発酵させたものを調味料として使う習慣はほとんどありませんが、魚醤の項で述べたように古代ローマ帝国ではガルムやリクアメンと呼ばれる魚醤が調味料として使われていました。この魚醤はローマ帝国の滅亡とともにすたれてしまいましたが、それに代わって多くの料理に使われるようになったのがアンチョビー(カタクチイワシ)の塩漬けです。イタリア本土の南部やシシリー島、南フランスでは肉や野菜料理、パスタの風味づけに幅広く使われてきています。

現在では、アンチョビーの塩漬けをそのままオリーブオイルに漬けたものやペースト状にしたものが日本でも手軽に入手できるようになり、強い塩味とグルタミン酸によるうま味が濃縮された調味料として幅広く使われています。

その他には、ザリガニやエビ類を干して粉状にしたものも欧米で使われる魚介類の加工品の一つです。調味料としてスープやシチュー、サラダなどに使われます。このようなザリガニやエビの加工品は、もともとはアフリカのサハラ砂漠以南の国々でシチューのだしの素材として使われてきたものが、ヨーロッパや中南米に伝わったものです。ブラジルやカリブ海諸国では

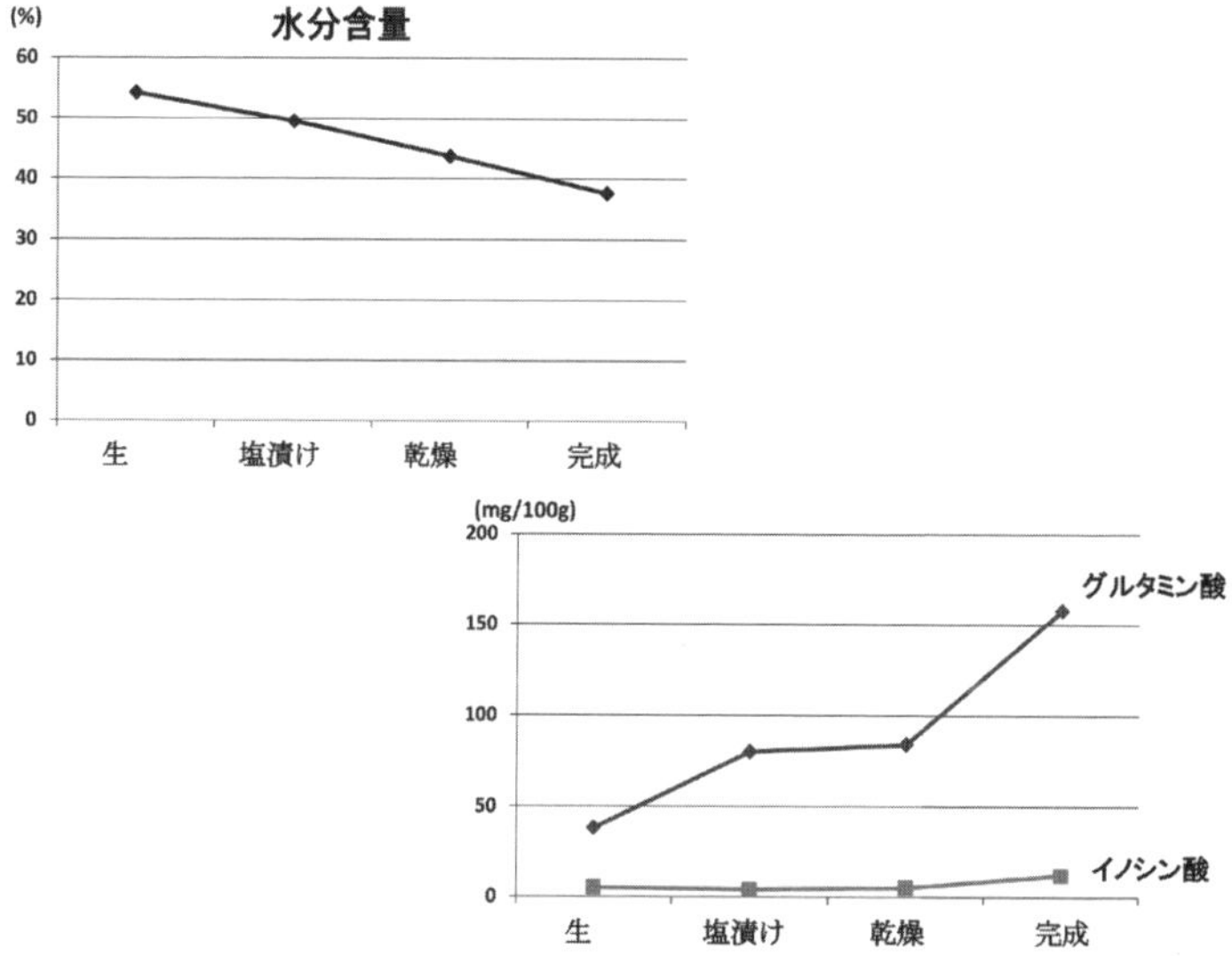

図11　カラスミ製造工程の水分とうま味成分（グルタミン酸とイノシン酸）の変動
（T. Chiou and S. Konosu, 1988）

米料理に混ぜてうま味と風味を加えます。

ボッタルガは、ボラやマグロの卵巣を塩漬けにしてから数週間乾燥させたものでカラスミの一種です。日本では酒の肴やオードブルのようにして食べることが多いのですが、地中海沿岸諸国であるイタリア、ギリシヤ、トルコでは粉末状にして調味料のように使われています。塩漬け、乾燥、天日乾燥の工程を通じて、水分含量が減少し、グルタミン酸が増えていきます。

カラスミの主なうま味成分はグルタミン酸ですが、わずかに含まれているイノシン酸との相乗効果と乾燥による成分の濃縮で、うま味の強いカラスミが仕上がります（図11）。

最後にタラの塩漬けを干物にしたバカラウ（バカラオ、バカリャウ、バッカラなどとも呼ばれる）を紹介します。

バカラウは、南ヨーロッパの国々およびスペインやポルトガルの植民地だった中南米の国々、そしてタラが捕獲される北欧諸国で使われています。タラを塩漬けにしてから乾燥させた保存食で、そのままでは塩味が強すぎるので塩抜きをしてから料理に使いますが、ぶつ切りにしたものを煮込み料理にしたり、ほぐした身をジャガイモと混ぜて料理に使います。バカラウにはうま味成分であるグルタミン酸が含まれていますが、イノシン酸は含まれていません。タラのイノシン酸は捕獲されてから数時間のうちに分解されて他の物質になってしまうからです。

03 魚介類のうま味

▼昆布

近年、多くの研究者が注目しているうま味の研究の発端は、一九〇八年池田菊苗博士により昆布だしの主要な呈味成分がグルタミン酸塩であることが発見されたことに遡ります。

池田博士は、薩摩藩主池田春苗の次男として一八六四年に京都に生まれ東京帝国大学に進学する一七歳まで京都で育っています。

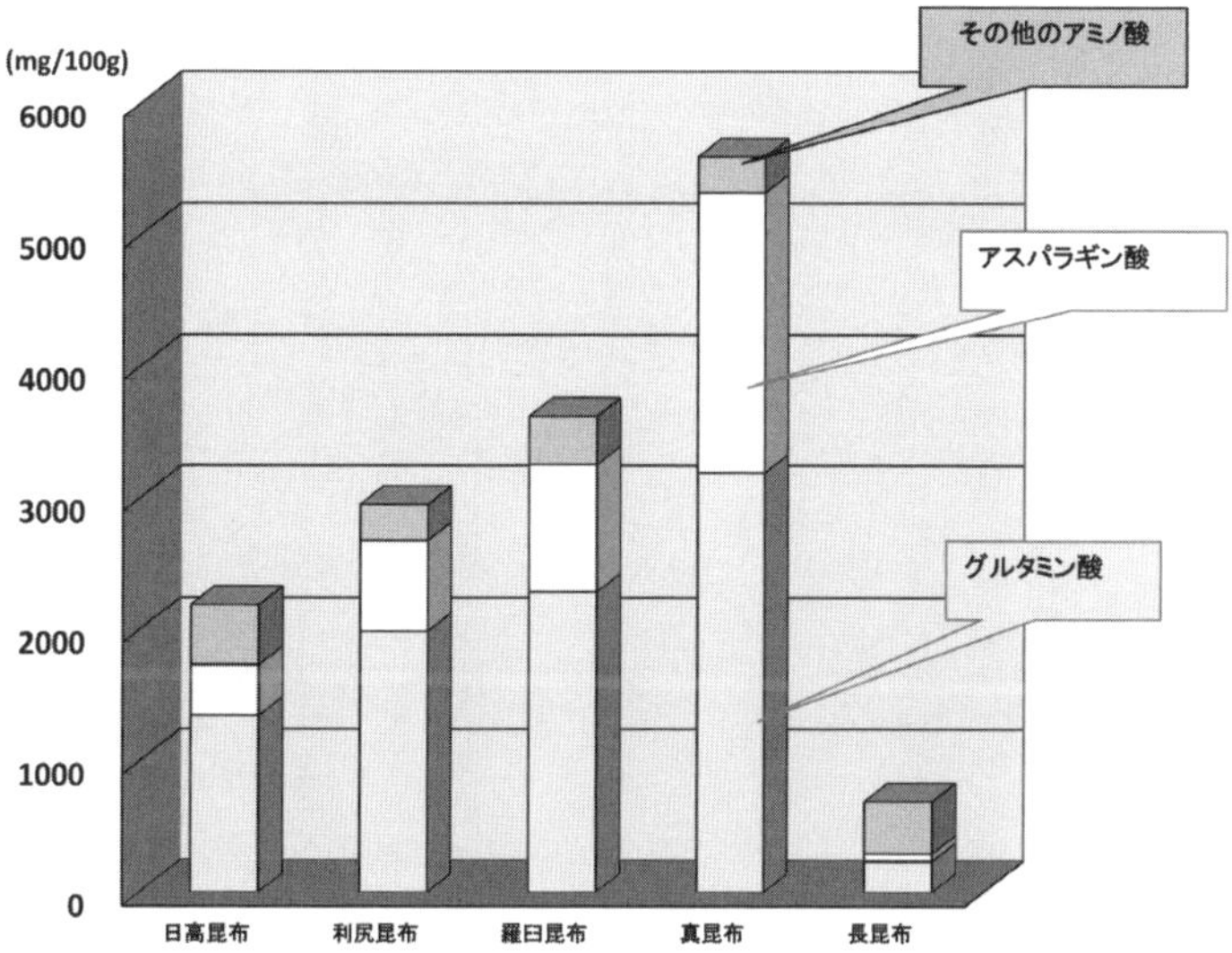

図12　各種昆布中のアミノ酸　（二宮、2010）

京都は七九四年に都が置かれてから約一〇〇〇年という長い間、日本の都として栄えてきました。この間、日本各地からさまざまな食材が京都に送られ、仏教文化や茶事の発達とともに、現在の日本料理の基本が作られてきました。

季節の野菜や豆類をおいしく食べるために、だしは欠かすことのできない素材の一つであることは言うまでもありません。

現在、日本各地で使われている昆布は、主に青森県周辺から北海道沿岸で収穫され、産地によってさまざまな特徴が見られます。

昆布に含まれるうま味物質はグルタミン酸とアスパラギン酸です。

アスパラギン酸は、グルタミン酸に比べるとうま味の強さは約一〇分の一程度ですが、それぞれの昆布のだしの味を特徴づける呈味成分の一つであると考えられています。

現在、京都の料亭で最も多く使われている利尻昆布は、すっきりとしたうま味を持ち、大阪でよく使われる真昆布は、利尻昆布に比べるとほのかな甘味があるのが特徴です。羅臼昆布は、うま味成分が比較的抽出されやすく、昆布に含まれるぬめりの成分であるアルギン酸も多く含まれています。おでんなどの煮物に使われる日高昆布は利尻昆布、真昆布、羅臼昆布に比べると、グルタミン酸やアスパラギン酸の含量は少ないのですがやわらかく早く煮え、だし用としてだけではなく食べることができます。

天然の昆布は、いずれも海で昆布の胞子が成長してから収穫されるまでに二年間たったもので、一年ものは水昆布や早昆布などと呼ばれていて、グルタミン酸やアスパラギン酸などのうま味のあるアミノ酸の量が少なく、醤油などで味付けをして食べる佃煮用の昆布として使われています。

プロの料理人が使用する昆布は蔵囲いと言って、収穫の年から最低でも一年以上、専用の昆布蔵で保存したものが使われています。長期保存の間にだしにとっては好ましくない香り成分が除かれていきます。一年以上の蔵囲いの期間に昆布の熟成が進み、うま味成分であるグルタミン酸が増加するという説もありましたが、利尻昆布のうま味成分を二年間にわたり継続測定した結果、グルタミン酸の量はほぼ一定で変化しないことが報告されています。うま味成分は

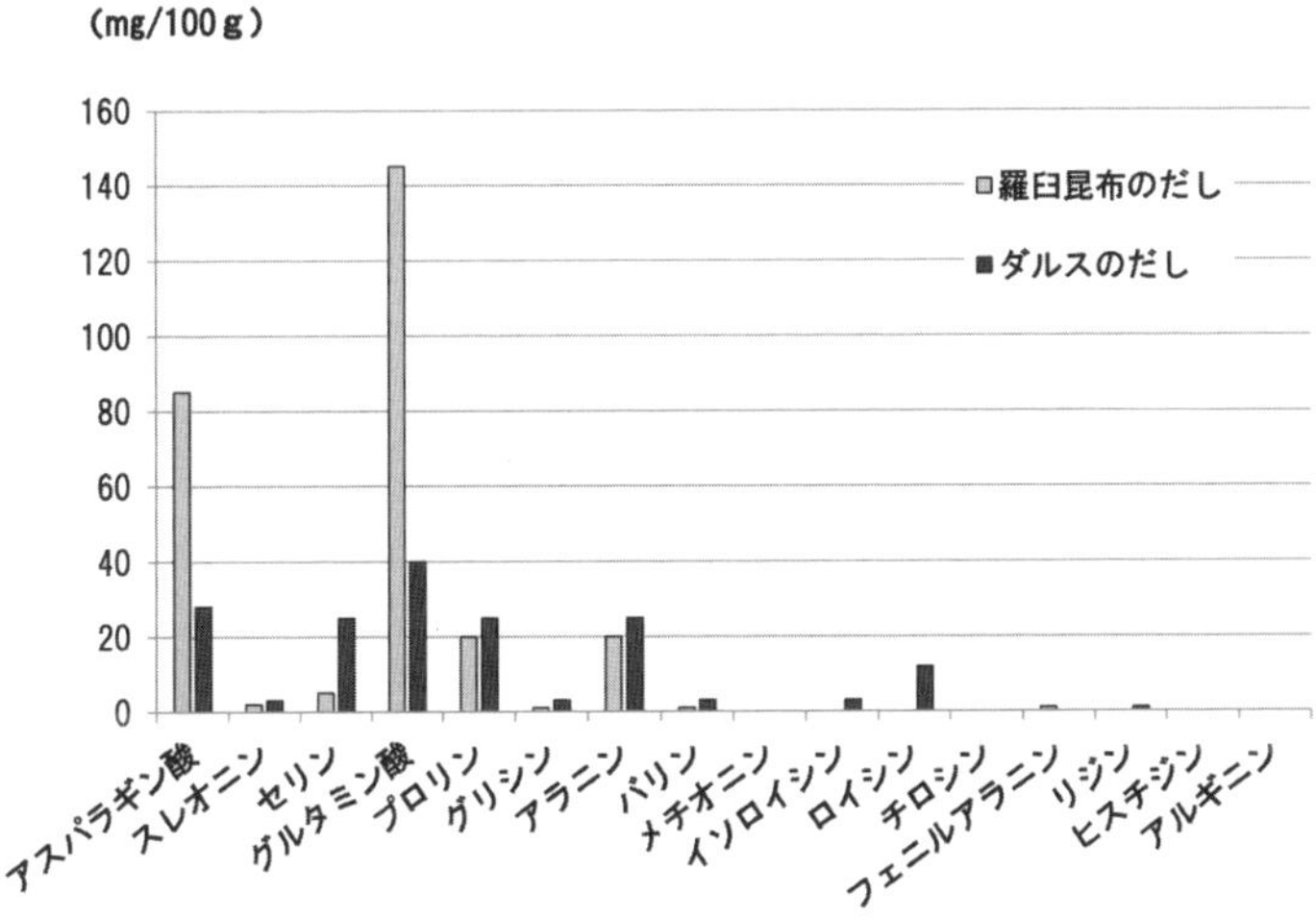

図13　羅臼昆布とダルスのだし中のアミノ酸　(Mouritsen et al., Flavor 2012:1)

もちろんのこと、だしの香りもだしの良し悪しにとって重要な役割をしているのです。一般に料理人の間では、「だしは、おいしすぎてはいけない」といわれています。

すなわち、日本料理におけるだしとは素材本来の味を引き立てるものであり、決してだしの味がおもてに出ることはありません。

良質の水に恵まれ、季節ごとの野菜の味をこわさずにおいしく食べる工夫がだしには備わっていいと言えるでしょう。

海外における日本料理の普及に伴って、多くの外国人シェフが日本でだしの引き方や、昆布やかつお節などの素材の知識を深めています。デンマークではシェフと研究者がコラボレーションすることで、デンマークで入手できる海藻で食用に使える海藻があるかどうかの調査が実施されました。その結果、寒流域の潮間帯から低潮線下の岩上に生育している紅藻網ダルス目ダルス科の海藻はグルタミン酸含量が比較的高く、だし用にも使用できることが報告されています（図13）。

日本でも函館市南かやべ漁協と北海道大学との共同研究によって、ダルスが食用に使われるようになり、わかめのように使える塩蔵ダルスなどが販売されています。

デンマークのシェフ達は、ダルスのだしをパンやクッキーの生地に混ぜて使っています。筆者もダルスのだしを入れたアイスクリームをコペンハーゲンで開催された味覚研究者が集う学会で試食しました。白い普通のアイスクリームですが味と香りは抹茶のアイスクリームを彷彿とさせるようなものでした。使い方を聞いてみると、二年から三年保存したあとに使用すると香りがよくなるとのことでした。

昆布以外の海藻類として、日ごろよく使うわかめや海苔にもうま味成分であるグルタミン酸が含まれていますが、わかめのグルタミン酸含量は一〇〇グラム中に九ミリグラム、海苔は一〇〇グラム中に一三七八ミリグラムです。

▼魚介類のうま味

日本人は古くから魚介類をさまざまな料理に活用してきていることもあり、魚介類の味を構成するエキス成分の研究が一九六〇年代から盛んに行われました。その結果、魚介類の呈味成分に関する日本人の研究は、食品科学や調理科学の分野において何十種類とある食品のエキス中の成分の中にその食品特有の味を作りだす数種類の必須の成分があることなどが示され、食品の味に関する研究の進展に大きく貢献してきました。これらの多くの研究の中から主な水産物の味を構成する成分を表5に示しました。

アワビ、バフンウニ、ズワイガニ、ホタテガイ、アサリに共通する成分としてアミノ酸であるグルタミン酸とグリシンがあります。グルタミン酸はうま味成分、グリシンは甘味を持つアミノ酸です。表中に太字で記載したものは、それぞれの魚介類の味を構成する必須の成分です。

アワビ

アワビのエキスの呈味成分の分析結果をもとに、アワビの味を構成する主要な成分が詳細に調べられています。

表5 各種魚介類の味を構成する成分

	アワビ	ウニ	ズワイガニ	ホタテ	アサリ
グルタミン酸	109	103	19	140	90
グリシン	174	842	623	1925	180
アラニン	98	261	187	256	74
バリン	37	154	30	8	4
メチオニン	13	47	19	3	3
アルギニン	299	316	579	323	53
タウリン	946	105	243	784	555
アデニル酸	90	10	32	172	28
イノシン酸	-	2	5	-	-
グアニル酸	-	2	4	-	-
ベタイン	975	7	357	339	42
コハク酸	-	1	9	10	65
ナトリウム	/	/	191	73	244
カリウム	/	/	197	218	273
塩素イオン	/	/	336	95	322
リン酸イオン	/	/	217	213	74

網掛けの数値は各魚介類の味に必須の成分 (福家ら、1991)

表5にある各種成分をもとに、どの成分がアワビの味を再現するのに必須の成分であるかを調べた結果、うま味成分であるグルタミン酸をはじめグリシン、ベタイン、アデノシン、アデニル酸が重要であることが報告されています。これらの四成分を表5に記載されている割合で混ぜることによって、アワビの味を再構成することができます。この再構成エキスからグルタミン酸またはアデニル酸を除去すると、最構成エキスの味はアワビらしさを失ってしまいます。また、グルタミン酸とアデニル酸は相乗効果によってうま味を増強しています。ベタイン、グリシン、アラニンはアワビの持つ甘味に関与しています。

ウニ

アワビのエキスの研究と同様に、ウニのエキス成分の分析結果をもとにアワビの味を構成する必須のエキス成分について調べた結果、アミノ酸であるグルタミン酸、グリシン、アラニン、バリン、メチオニンと核酸系うま味物質であるイノシン酸とグアニル酸がウニの味を構成していることがわかりました。

これらの物質を使って再構成エキスを作り、それぞれの成分の役割を詳しく調べることができます。再構成エキスからグルタミン酸を除去すると、うま味が減少し甘味が増加します。グリシンやアラニンを除去すると強い苦味が感じられ、ウニ特有の風味も消えてしまいます。バリンはウニ特有の苦味に関与し、メチオニンはウニらしさを醸し出しています。

このようにアミノ酸や核酸系のうま味物質を中心に、数種類の成分が組み合わさることでウニの味が作られています。

ホタテガイ

ホタテガイの貝柱の味を構成している成分は、アミノ酸であるグルタミン酸、グリシン、アラニン、アルギニン、核酸系うま味物質であるアデニル酸、そしてナトリウム、カリウム、塩素などのイオンとベタインです。ベタインは動植物に広く分布している甘味のある物質ですが、ホタテの再構成エキスからベタインを除去するとズワイガニのような味になります。ズワイガニに多く含まれている苦味のあるアミノ酸（バリン、ロイシン、イソロイシン、チロシン、フェニルアラニン）はホタテガイには少なく、このことがホタテガイ特有の甘味に関与していると考えられています。

魚介類の味に共通してみられるアルギニンは苦味のあるアミノ酸です。ところがさまざまな魚介類エキスの味を調べてみても、それほど強い苦味は感じません。アルギニンの味について詳細を調べた結果、塩化ナトリウム（ホタテガイのエキス中では塩素やナトリウムイオンとして存在している）にアルギニンの苦味を抑制する効果があることがわかりました。塩化ナトリウムほどではありませんが、うま味成分であるグルタミン酸やアデニル酸もアルギニンの苦味を抑制します。

ズワイガニ

ズワイガニの味を構成するエキスの研究は、他の魚介類の味の研究の先駆けとなったものです。特に、ナトリウム、カリウム、塩素、リン酸などのイオン類が食品の味に大きく貢献していることを示した最初の研究です。再構成エキスからいずれのイオンを除去してもエキスの味はほとんど無味に近くなってしまいます。これらのイオン類に加えてグルタミン酸とイノシン酸の相乗効果によるうま味、グリシン、アラニン、アルギニンといったアミノ酸とベタインがズワイガニの味を構成している成分です。

アサリ

アサリのエキス成分はアミノ酸であるグルタミン酸、グリシン、アルギニン、タウリン、核酸系うま味物質のアデニル酸、コハク酸、ナトリウム、カリウム及び塩素イオンです。

コハク酸は、貝類のうま味成分として広く知られていますが、コハク酸の水溶液を味わってみると、それ自体は渋味と苦味が混ざり合ったような複雑な味で、グルタミン酸やイノシン酸などが持つうま味とは大きく味質が異なりますが、貝類や日本酒、ワイン、ビールなどの味にも関与している成分です。

以上のように、魚介類の味を構成する成分としてうま味成分であるグルタミン酸や核酸関連物質は重要な働きをしています。グルタミン酸はうま味に関与していることは言うまでもありませんが、その他に味の持続性、複雑さ、こくやまろやかさを増強して総合的なおいしさを向上させる役割があります。

このようなグルタミン酸の役割は、スープなどの食品でも確認されています。また、核酸関連物質であるイノシン酸は、グルタミン酸との相乗効果によって、グルタミン酸による効果をさらに増強します。食品の味を構成する成分の中で、うま味と並び大切な役割をしているのが塩化ナトリウムです。食品中では塩素とナトリウムイオンになっていますが、塩化ナトリウムとうま味が相互に引き立てあうようにして、さまざまな食品の総合的なおいしさが作られています。このことは魚介類のエキス成分の研究から見出されたことですが、そのほか多くの食品の味にも共通しています。

かつお節

かつおはまぐろやさばと同じサバ科に属する赤身魚でアミノ酸のヒスチジンが多量に含まれています。

かつお節の味を構成する成分はアミノ酸であるグルタミン酸、リジン、ヒスチジン、核酸系のうま味成分であるイノシン酸、乳酸およびナトリウム、カリウムと塩素イオンです。

グルタミン酸とイノシン酸は相乗効果でうま味を増強するとともに、味の持続性や風味の増強に関与しています。ヒスチジンは弱い酸味とこくに関与し、乳酸は酸味だけではなくかつお節の味全体をまとめる役割をしています。日本料理の料亭ではまぐろ節が使われることもありますが、まぐろ節もかつお節と同様にイノシン酸が豊富に含まれています（図14）。

前述のように魚類に含まれるイノシン酸はアデニル酸から作られますが一定時間を過ぎるとイノシン酸は分解されて徐々に減少していきます。かつお節にはイノシン酸がほかのどの食材よりも豊富に含まれていますが、その理由はかつお節の製造工程にあります。三枚に下したかつおの身は九八度付近で煮熟されます。煮熟の段階で次第に温度が上がっていくとアデニル酸を分解する酵素が一気に活性化されイノシン酸が生成されます。さらに温度が上がっていくと酵素は高温のために失活してしまうので、イノシン酸は分解されることなくイノシン酸のままかつおの中に保存されます。

また、焙乾の工程で水分が失われ、さらにカビ付の工程ではカビがかつおの中の水分を吸収していくので、かつおそのものの水分が減っていきます。このことによって、かつおの身に保存されていたイノシン酸はどんどん濃縮されていきます。生のかつおの水分は七〇パーセント以上ありますが、加熱によって七〇パーセント以下に減少し、焙乾の工程で四〇パーセント以下に、そして最後のカビ付の工程で水分は二〇パーセント以下にまで下がります。これほど水分が少ない食品はほかに類を見な

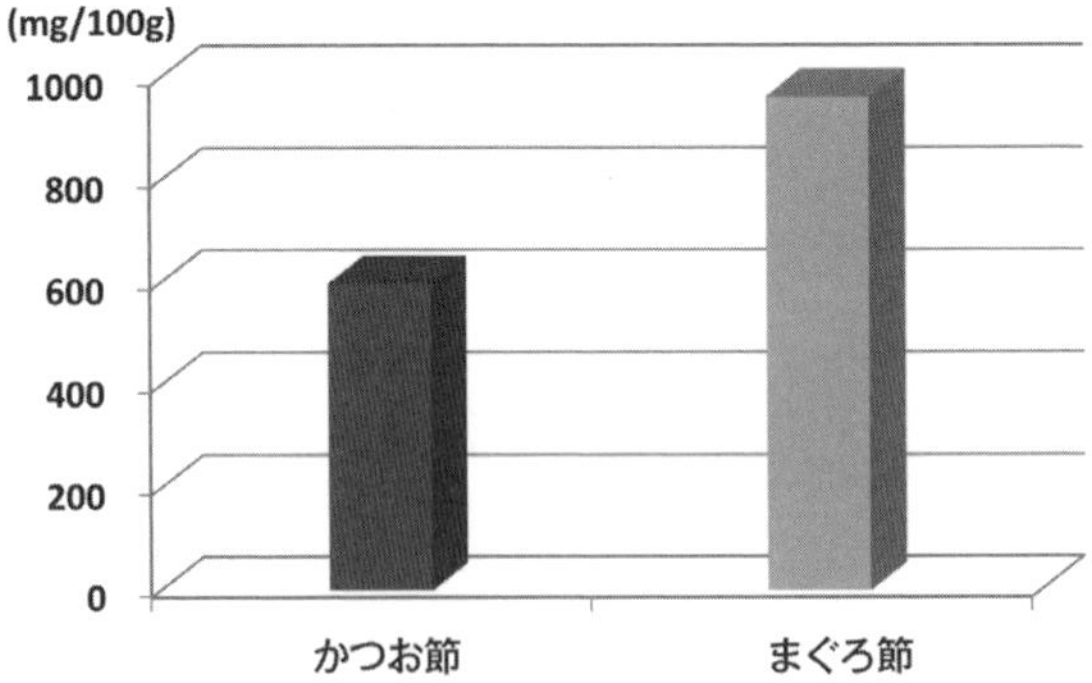

図14　まぐろ節とかつお節中のイノシン酸

いほどで、かつお節は世界で最も硬い食品と言われています。水分が少ないということは腐敗しにくいということで、保存性にすぐれていて、うま味が豊富な世界に誇れる食材ということができるでしょう。

また、この硬い食品を極薄に削り、うま味成分を短時間で抽出しただしにはイノシン酸が豊富に含まれています。

04 肉のうま味

畜肉は一定の熟成期間をおいて食用の肉として利用されます。と殺直後の牛肉は酸味が強くおいしくありませんが、熟成した牛肉は酸味が弱く、まろやかな味になります。熟成期間に肉がやわらかくなることも肉のおいしさに関与しています。牛肉だけではなく、豚肉、鶏肉のいずれも、熟成とともにうま味や肉様の味が強くなりおいしくなりますが、これは熟成期間におけるアミノ酸やイノシン酸の増加が関与しています。一般的にと殺後の肉を二～四度で保存した場合、牛肉は一〇日から二週間、豚肉は五～七日間、鶏肉は一～二日で熟成が完了します。

表6に示したように、この熟成期間に各種のアミノ酸が増加していきます。牛肉ではアラニン、ロイシン、バリン、セリン、スレオニン、グルタミン酸、豚肉ではアラニン、グルタミン酸、セリン、スレオニン、ロイシン、鶏肉ではアラニン、セリン、グルタミン酸、ロイシン、

表６　牛、豚、鶏肉の熟成とアミノ酸、イノシン酸等の変化

	牛肉		豚肉		鶏肉	
熟成日数(4℃)	1日	12日	1日	6日	0日	2日
アスパラギン酸	1	2	1	2	4	6
スレオニン	5	7	3	5	7	10
セリン	7	10	3	6	7	14
アスパラギン	3	5	2	4	3	5
グルタミン酸	6	10	4	9	13	22
グルタミン	62	58	19	19	12	19
プロリン	4	4	3	4	5	7
グリシン	10	11	9	11	5	9
アラニン	32	38	18	21	11	17
バリン	6	9	5	7	3	7
システイン	1	1	0	1	1	1
メチオニン	3	6	1	4	2	5
イソロイシン	4	7	3	5	2	5
ロイシン	7	12	5	9	4	10
チロシン	4	7	3	5	4	8
フェニルアラニン	4	7	2	5	2	5
リジン	9	11	4	6	7	10
ヒスチジン	4	5	2	3	1	3
アルギニン	7	9	3	6	7	10
イノシン酸	90	80	260	225	284	230

(T. Nishimura, et al., 1988)

グリシンが多く増加します。これは畜肉中にあるタンパク質分解酵素の働きによるものです。グルタミン酸はいずれの肉でも増加が多く、肉の熟成によるうま味の増強に大きく貢献しています。

畜肉中のイノシン酸は、と殺直後にはほとんど存在していませんが、筋肉中のエネルギー減であったアデノシン　5'－3リン酸（ＡＴＰ）からＡＴＰ分解酵素の働きによって生成されます。イノシン酸はさらにイノシンやヒポキサンチンに分解されていくので、イノシン酸の量は一旦増加してから徐々に減少

していきます。

鶏肉の場合、死後八時間でイノシン酸の量が最大値に達します。牛肉や豚肉の場合には一〜二日以内に最大値に達するので、肉のやわらかさやおいしさから判断される最適な熟成期間完了時には、すでにイノシン酸は最大値から徐々に減少しはじめています（図15）。

ただし、ＡＴＰが分解してイノシン酸ができる速度よりも、イノシン酸が分解してイノシンやヒポキサンチンになっていく分解速度のほうがゆるやかなので、最大値を過ぎたからといって一気にイノシン酸がなくなってしまうわけではありません。熟成完了時に存在しているイノシン酸はグルタミン酸との相乗効果によって肉のうま味や肉様の味に重要な役割を果たしています。

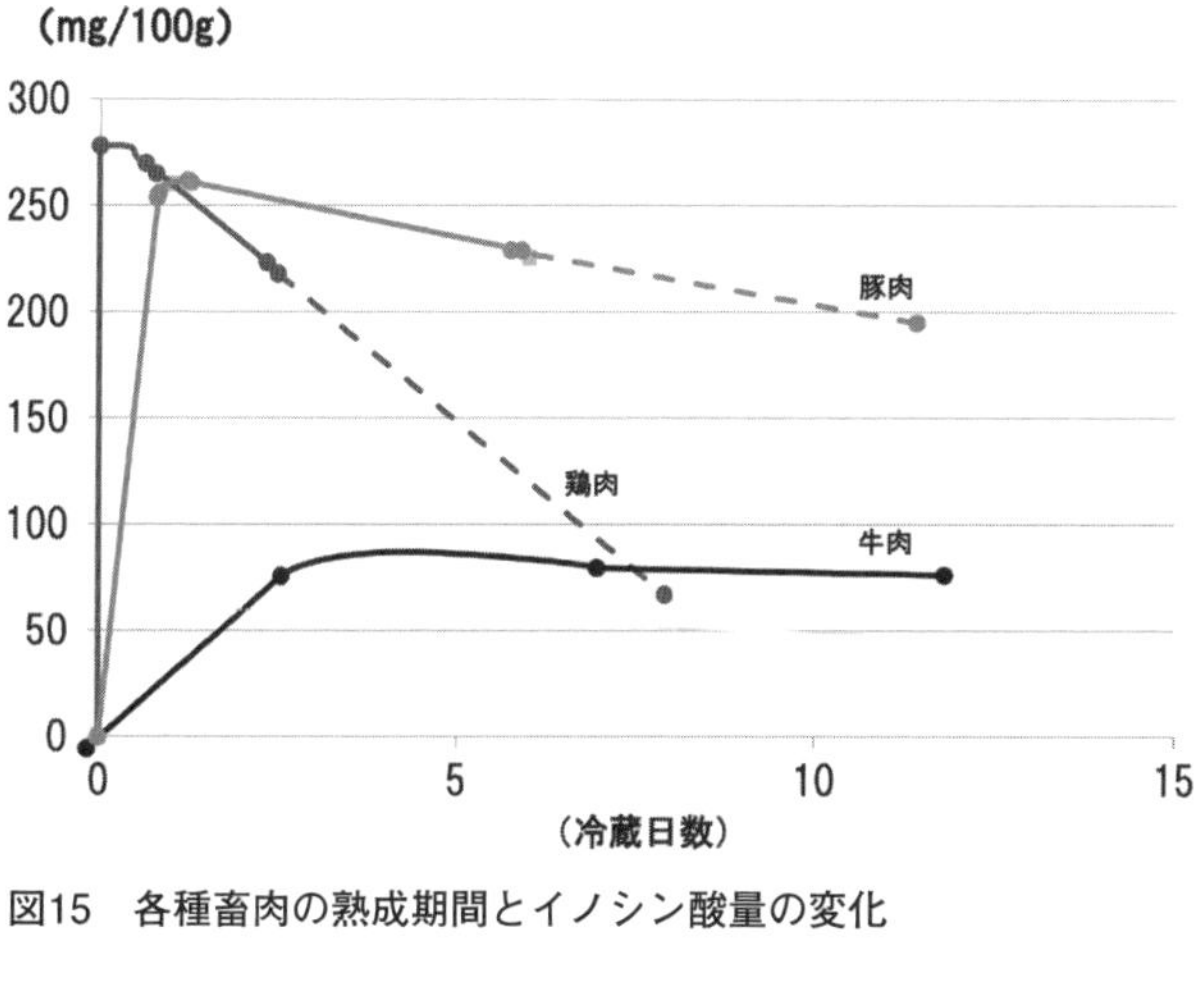

図15　各種畜肉の熟成期間とイノシン酸量の変化

05 野菜のうま味

各種野菜類のうま味成分はグルタミン酸です。

野菜類に含まれるグアニル酸については、これまで干し椎茸を中心に干したキノコ類にのみ含まれることが報告されてきましたが、最近の研究では、蒸す、焼くなどの加熱調理によってナス、トマト、ニンジン、ダイコン、ネギ、ホウレンソウにおいて、グアニル酸が生成することが報告されています。分析手法や精度の向上によって微量のグアニル酸も測定可能になってきたことで、このような新たな知見が見られるようになりました。

たとえば、生のトマトに含まれるグルタミン酸は、完熟果実一〇〇グラム中に一〇〇ミリグラム以上含まれますが、グアニル酸も一〇〇グラム中に一ミリグラム程度含まれていることがわかりました。グアニル酸の量はグルタミン酸の量に比べるとかなり少ないのですが、グルタミン酸とグアニル酸は相乗効果をおこすので、グアニル酸の存在によってうま味の増強効果が期待されます。

さらに、トマトを家庭用のオーブンを用いて二五〇度で一五分加熱すると水分が二四パーセント程度減りますが、この水分の消失によるグアニル酸の濃縮を加味しても、生のトマトに比べてグアニル酸の含量は約六〇パーセント程度増加しています。グルタミン酸も約三〇パーセント近く増加していますので、加熱したトマトではグルタミン酸とグアニル酸の相乗効果によって、充分うま味が増強されていると考えられます。

加熱した野菜におけるグアニル酸の生成については、まだまだ研究が始まったばかりですが、ナス、ニンジン、ダイコン、ネギ、ホウレンソウでも確認されています。今後は調理野菜におけるグアニル酸含量の検討も必要であることが最近の研究から示唆されています。

以下本書で紹介するのは、これまでに得られてきた知見をもとに野菜類に含まれているグルタミン酸を中心に紹介します。

▼トマト

世界中でさまざまな料理に使用されているトマトは、イタリアでは「情熱の果実」と呼ばれています。イタリア料理には欠かすことができない食材の一つですが、イタリア料理におけるトマトの歴史は意外に新しく、一六世紀にペルーからイタリアに渡ったと伝えられています。

その当時のトマトは薬用あるいは観賞用として使われていて、その後品種改良が進み食用に使われるようになりました。

FAOが二〇〇七年に発表した統計では、日本では年間一人当たりのトマトの消費量は九キログラムですが、最も消費量が多いエジプトやギリシヤで約九五キログラム、イタリアでは約六〇キログラムです（図16）。これらのトマトのほとんどが水煮やピュレ、ソース等に加工されています。

このように世界中でさまざまな加工品も含めて大量に消費されているトマトのうま味成分は

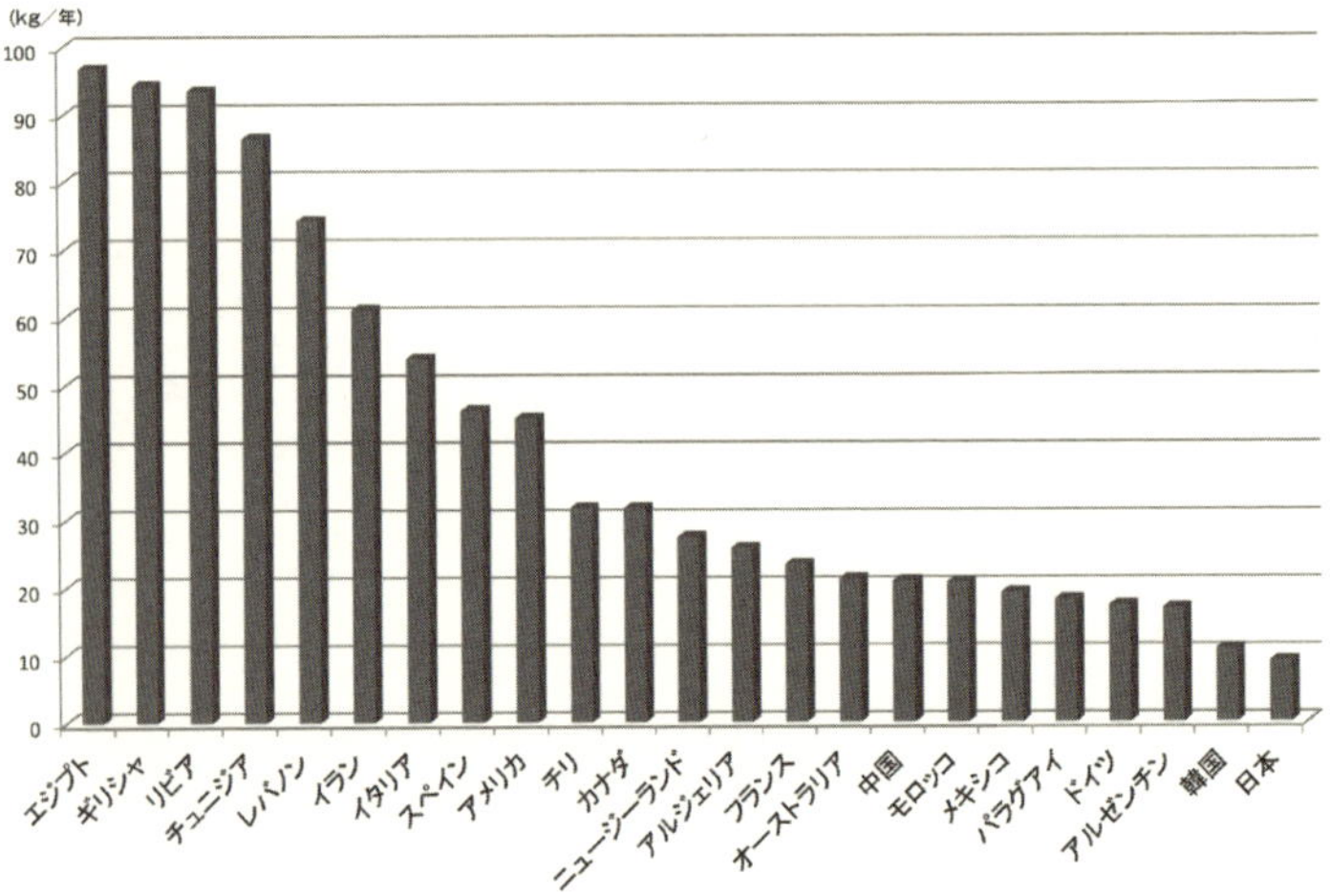

図16　各国におけるトマトの消費量　（FAO「FAO STAT 2007」）

グルタミン酸とアスパラギン酸です。世界中で大量に消費されているトマトは、各地の料理のだしとして使われているといっても過言ではありません。

図17はトマト中のアミノ酸を表したものですが、トマトには昆布と同様にグルタミン酸とアスパラギン酸が多く含まれています。その他のアミノ酸はセリンやプロリンといった甘味のあるアミノ酸です。

また、トマトは熟すとともにグルタミン酸が増加していきます。トマトは皮の硬さによってピンク系（皮がやわらかい）と赤系（皮が硬い）の二種類に大別されますが、赤系のほうがピンク系に比べて約二～三倍グルタミン酸の含量が多いことが知られています。最もトマトを多く消費している地中海沿岸ではピンク系よりも赤系のトマトが料理に用いら

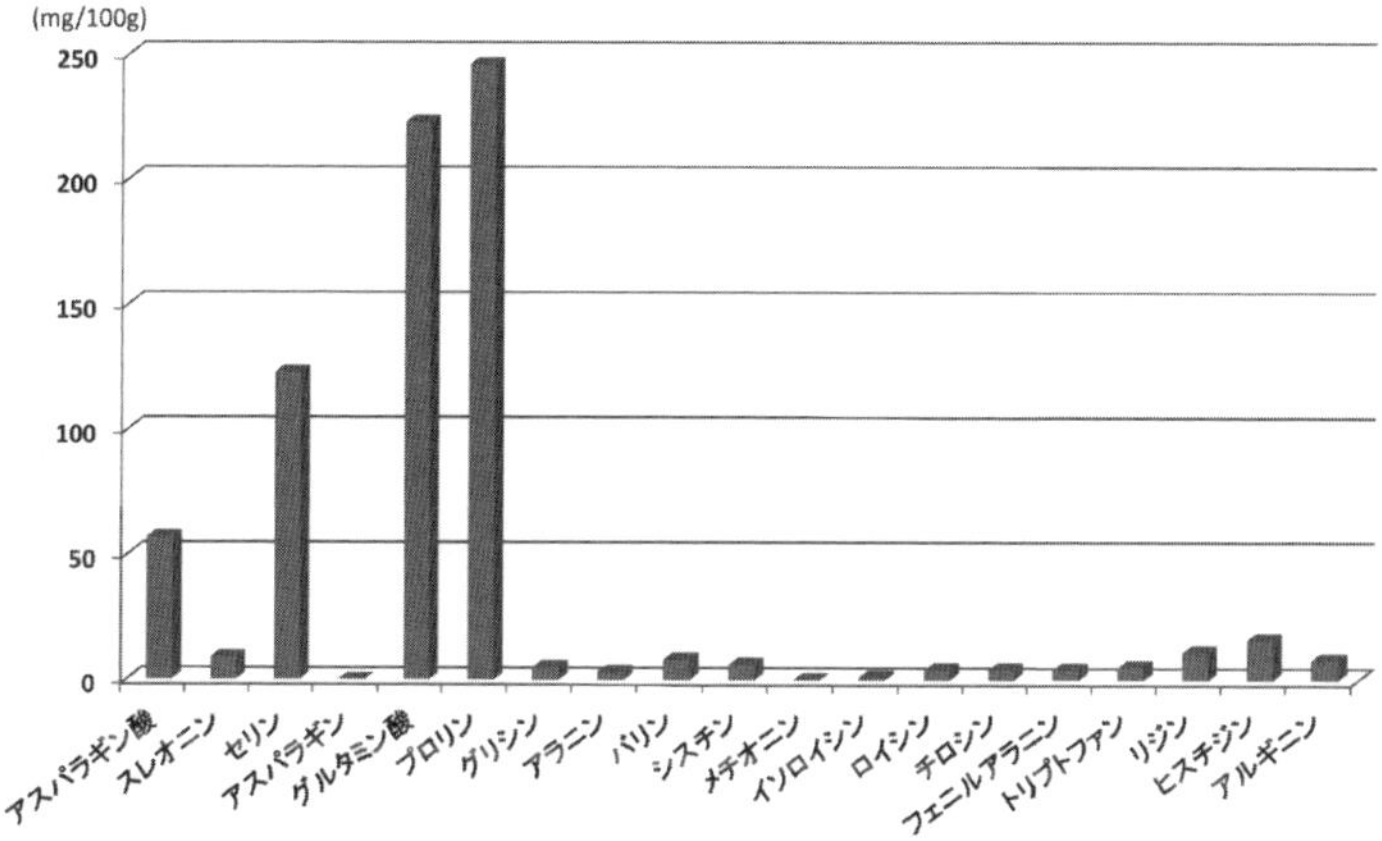

図17　トマト中のアミノ酸　（二宮、1998）

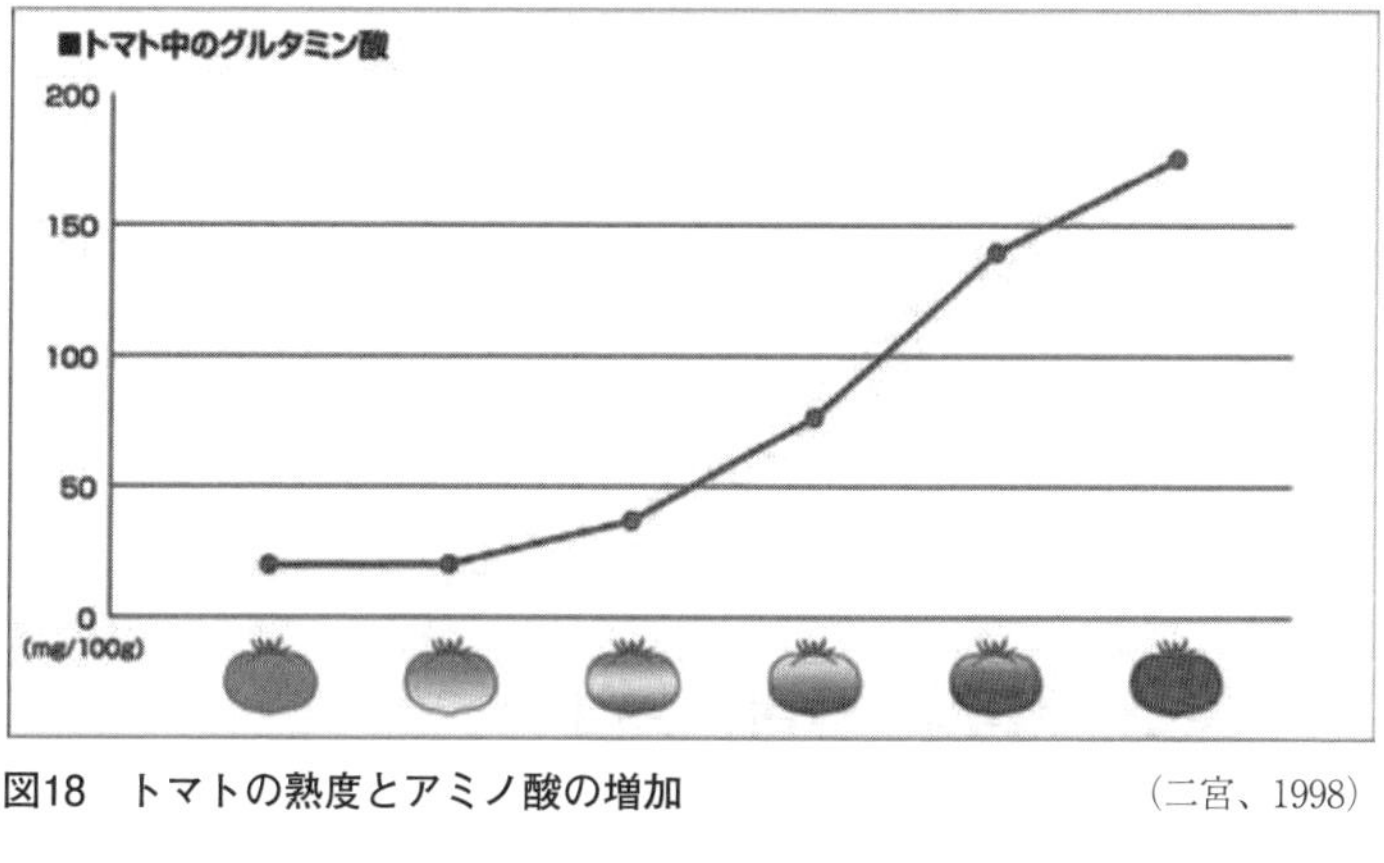

図18　トマトの熟度とアミノ酸の増加　（二宮、1998）

れています。

また、イギリスの著名なシェフはレディング大学との共同研究によって、各種トマトの果肉とゼリー状で種が入っている部分のうま味成分（グルタミン酸、アデニル酸、グアニル酸）の分析をした結果、ゼリー状の種が入っている部分のほうが果肉よりもうま味成分が多いことがわかりました。

昔からフランス料理等では見た目を美しくするためにトマトの種の部分を取り除いたり、加工の段階で種の部分を除去することが多かったのですが、実はその部分にうま味成分がより多く含まれていたのです。イギリスのシェフはトマトの異なる部位の味を比較していくうちに、このことに気づき大学との共同研究に至りました。

▼トマト以外の野菜類

トマトは、野菜類の中でも特にうま味成分であるグルタミン酸とアスパラギン酸が多く含まれていま

表７　各種野菜類中のアミノ酸

	ジャガイモ	ニンジン	タマネギ	アスパラガス	トウモロコシ	グリーンピース	インゲン	サヤエンドウ	ダイコン	レンコン
アスパラギン酸	28	12	10	16	28	4	10	19	13	34
スレオニン	12	7	58	7	13	13	11	204	8	13
セリン	17	6	6	84	21	4	16	251	6	23
アスパラギン	/	86	65	611	5	/	530	407	16	1079
グルタミン	/	76	114	44	21	/	63	545	225	0
グルタミン酸	10	8	51	36	106	106	39	19	67	103
プロリン	5	5	17	37	30	10	14	31	3	12
グリシン	3	0	3	7	8	11	5	146	2	2
アラニン	25	11	7	9	111	56	24	119	18	15
バリン	41	6	23	40	13	18	19	65	10	25
システイン	0	0	0	0	0	0	0	0	0	0
メチオニン	15	1	4	2	3	2	5	26	1	16
イソロイシン	19	3	3	19	4	10	11	25	3	13
ロイシン	9	2	12	14	9	14	10	13	0	7
チロシン	3	1	13	4	13	18	1	5	0	15
フェニルアラニン	15	1	8	17	10	13	3	9	1	5
トリプトファン	2	0	9	11	0	4	0	0	0	4
リジン	25	1	37	20	15	17	1	35	0	13
ヒスチジン	16	2	14	19	7	6	9	23	3	17
アルギニン	65	29	200	43	3	108	14	76	16	206

/: 分析せず

(K. Ninomiya, 1998)

すが、その他の野菜類で比較的グルタミン酸が多く含まれているものについて、表7示しました。なじみのある多くの野菜にグルタミン酸が含まれています。

これらのグルタミン酸がさまざまな料理の中で肉類に含まれているイノシン酸や干したきのこ類に含まれるグアニル酸との相乗効果によって、料理のうま味が増強されます。

▼きのこ類

干し椎茸のうま味成分として知られているグアニル酸は生のシイタケには含まれていません。乾燥させた椎茸を水で戻したり、その後に加熱調理する過程でグアニル酸が生成されます。

きのこ類のうま味成分というと干したきのこ類のグアニル酸のみが注目されがちですが、実は生のきのこ類にはグルタミン酸が豊富に含まれています。

グルタミン酸は安定した物質なので、乾燥、水戻

表８　各種きのこ類中のアミノ酸とグアニル酸

	シイタケ（生）	シイタケ（乾燥）	マッシュルーム（生）	ポルチーニ（乾燥）	アミガサダケ（乾燥）	オイスターマッシュルーム（乾燥）
アスパラギン酸	8	70	11	106	28	85
スレオニン	49	100	25	116	59	38
セリン	39	80	19	194	99	91
グルタミン酸	71	1060	42	77	311	314
プロリン	12	30	16	67	26	46
グリシン	38	40	16	189	20	26
アラニン	44	90	146	354	181	253
バリン	26	40	23	73	29	36
シスチン	15	20	17	11	0	7
メチオニン	3	30	5	51	2	5
イソロイシン	17	20	20	46	11	21
ロイシン	28	30	35	64	10	31
チロシン	15	70	12	25	37	58
フェニルアラニン	21	50	30	38	10	41
トリプトファン	11	20	19	27	4	8
リジン	33	140	19	62	100	21
ヒスチジン	21	120	21	27	46	13
アルギニン	64	230	7	188	1000	14
グアニル酸	0	150	0	10	40	10

(K. Ninomiya, 1998)

しや加熱調理によって分解したりすることはないので、干したきのこ類にはグルタミン酸も含まれています。干したきのこ類はグルタミン酸とグアニル酸の相乗効果による強いうま味を持っています。うま味が増強された干し椎茸の戻し汁にもグルタミン酸やグアニル酸が溶け出しているので、だしの素材として有効に使うことができます。

ヨーロッパではポルチーニ、アミガサダケ、オイスターマッシュルームなどが料理によく使われていますが、これらのきのこ類の乾燥させたものも広く使われています。一般的にヨーロッパの料理では乾燥したきのこ類は、水に戻したきのこ本体のみを料理に使ってきましたが、最近は日本料理の手法を取り入れるシェフ達によって、戻し汁を捨てずに活用するシェフもいます。うま味の知識や日本料理の普及とともに海外のシェフ達から新しい料理が提案されています。

本章ではうま味の食材について、世界各地の代表的なものを紹介しました。このほかにもたくさんのうま味食材があります。近年、世界の著名シェフ達がうま味に興味を持つようになり、うま味を正しく理解して料理にいかす人達が増えてきています。彼らは自分の舌の感覚でうま味がある食材を見つけたりもします。

また、これまではうま味食材としては意識していなかったものも、うま味という観点でその食材を見直し、新しい使い方やレシピなどにつながっています。最近の研究ではうま味はおいしく食べることだけではなく、満足感にも関与していること、そして、その満足感が過食を防ぐことなどが報告されてきています。

また、高齢者の味覚障害の改善にもうま味食材が使われています。これは、うま味による唾液分泌効果を利用したものです。おいしく食べることが健康につながることは誰もが願うことです。うま味食材に関する知識をさらに深め、おいしさと健康を追及していきたいものです。

なお、本章の執筆にあたって、南アフリカの発酵調味料関連情報を提供してくださったWest African Seasoning Co., Ltd. の出張恵士氏、グラフの作成等にご協力くださったＮＰＯ法人うま味インフォメーションセンターの室谷純子氏に感謝致します。

あとがき

昨年（平成二五年）一二月に、「和食：日本人の伝統的な食文化」が、ユネスコ無形文化財遺産に登録されました。

和食の基本は、「だしとうま味」です。味の基本の一つに認められたうま味の成分は、日本人によって発見されていました。

代表的なだし＝うま味の素材は、乾物である昆布、かつお節、煮干し、干し椎茸です。

今年の春、三年前に私が執筆させていただいた『乾物の事典』の東京堂出版の堀川隆部長から「だしとうま味」に関する書籍の執筆をお願いできないかとのお話しをいただきました。

堀川部長の構成案は、「だしのうま味を科学する」、「だしの素材〔昆布、かつお節、煮干し、干し椎茸〕」、「世界のうま味食材」について執筆してほしいというものでした。

「だしの素材」については、私が長年たずさわってきた分野ですので、執筆は可能ですが、「だしのうま味を科学する」、「世界のうま味食材」については、この分野に適した方がおられるのではないかと、NPO法人うま味インフォメーションセンターの二宮くみ子先生にご相談しましたところ、「うま味を科学する」の章は北海道大学名誉教授栗原堅三先生にお願いできることになり、「世界のうま味食材」の章は二宮くみ子先生がご執筆くださることになり、本書の刊行の運びとなりました。

栗原堅三先生、二宮くみ子先生には、お忙しい中ご執筆をいただき、心より御礼申し上げる次第です。

また、本書の刊行にあたり、制作・進行面でご協力をいただきましたNPO法人うま味インフォメーションセンターの渡辺章理事、室谷純子さん、章友社の永原秀信さん、西田久美さんに御礼申し上げます。

平成二十六年九月

星名　桂治

た行

な行

は行

だし＝うま味の素材索引

＊本文中の小見出しに含まれる文言を中心に、だしとうま味に関わる主な素材名を掲出した。＊は章扉頁を示す。

あ行

か行

さ行

執筆者紹介（掲載順）

星名桂治（ほしな　けいじ）

日本かんぶつ協会シニアアドバイザー、かんぶつマエストロ講師。

西野商事（現、日本アクセス）を経てエイチ・アイ・フーズ株式会社を設立。

乾物乾麺研究所所長として乾物の普及に努める。

著書：『乾物は健康食』（長崎出版）、『乾物の事典』（東京堂出版）ほか。

栗原堅三（くりはら　けんぞう）

北海道大学名誉教授。東京工業大学理学部卒業。同大学院博士課程修了。理学博士。東京工業大学理学部助手、北海道大学薬学部助教授、同教授、学部長、青森大学学長、NPO 法人うま味インフォメーションセンター理事長などを歴任。専門は神経と感覚の分子生理学。日本薬学会賞、日本味と匂学会賞などを受賞。主な著書は、『味と香りの話』（岩波新書）、『グルタミン酸の科学』（講談社サイエンティフィク）、『うま味って何だろう』（岩波ジュニア新書）ほか。

二宮くみ子（にのみや　くみこ）

NPO 法人うま味インフォメーションセンター理事。上智大学大学院理工学研究科卒業、広島大学大学院生物生産学部博士課程修了。農学博士。1982 年味の素株式会社に入社し、1985 年以降、日本うま味調味料協会技術部会および広報部会、うま味研究会、国際グルタミン酸情報サービス、NPO 法人うま味インフォメーションセンター等を通じて、国内外でのうま味 に関する講演、執筆など、うま味研究の推進、うま味の普及活動や“うま味・だし”をテーマとした食育活動等に従事。研究者と料理人を繋ぐことで、世界の食と健康に貢献することを目指している。

だし=うま味の事典

2014年11月10日　初版発行
2017年 6 月10日　再版発行

著　者　星名桂治
　　　　栗原堅三
　　　　二宮くみ子

発行者　大橋信夫

発行所　株式会社　東京堂出版
〒101−0051　東京都千代田区神田神保町1−17
電話 03−3233−3741　振替 00130−7−270
http://www.tokyodoshuppan.com/

印刷・製本　有限会社　章友社

装丁・組版　Katzen House

ISBN978-4-490-10854-5 C1077